浙江省社科院发展战略和公共政策研究院智库丛书

影响性诉讼案件
环境因素研究

Study on Environmental Factors
of the Impact Litigation

孟欣然　著

浙江工商大学出版社　杭州
ZHEJIANG GONGSHANG UNIVERSITY PRESS

图书在版编目(CIP)数据

影响性诉讼案件环境因素研究 / 孟欣然著. — 杭州：
浙江工商大学出版社，2021.3

ISBN 978-7-5178-4368-9

Ⅰ.①影… Ⅱ.①孟… Ⅲ.①诉讼－案例－中国
Ⅳ.①D925.05

中国版本图书馆 CIP 数据核字(2021)第 033962 号

影响性诉讼案件环境因素研究
YINGXIANGXING SUSONG ANJIAN HUANJING YINSU YANJIU
孟欣然　著

责任编辑	孟令远　沈　娴
封面设计	王妤驰
责任校对	张春琴
责任印制	包建辉
出版发行	浙江工商大学出版社
	（杭州市教工路 198 号　邮政编码 310012）
	（E-mail：zjgsupress@163.com)
	（网址：http://www.zjgsupress.com)
	电话：0571-88904980，88831806(传真)
排　　版	杭州朝曦图文设计有限公司
印　　刷	杭州高腾印务有限公司
开　　本	710 mm×1000 mm　1/16
印　　张	13.25
字　　数	166 千
版 印 次	2021 年 3 月第 1 版　2021 年 3 月第 1 次印刷
书　　号	ISBN 978-7-5178-4368-9
定　　价	59.80 元

序

　　近年来,随着于欢案、张扣扣案、许霆案、邓玉娇案、药家鑫案、李昌奎案等一系列影响性诉讼案件的出现,司法与民意之间的互动关系日益增强,甚至出现了"民意审判"或者"舆论审判"的现象,这些现象引起了法学界的广泛关注。"民意审判"或者"舆论审判"显然与现代法治图景下的司法独立等基本理念相悖。但是,在法院审判与民意诉求之间的角逐和较量中,简单地断言民意"绑架"司法,则掩盖了司法、民意和政治之间复杂的互动关系。由此遮蔽的一个更为重要的问题是,在司法和民意紧张关系的背后,实际上隐含着现代司法所面临的困境:一方面,要维持司法体系的自洽性;另一方面,又不得不考虑民众诉求等法律之外的因素。而这个问题恰恰是拥有内部性视角的现代法治框架所无法解释和说明的。基于此,本书从外部性视角出发,引入德国社会学家尼古拉斯·卢曼(Niklas Luhmann)的系统理论,将其作为研究影响性诉讼案件的分析模型,把对影响性诉讼案件产生作用的外部力量概括为民众、媒体和为政者三个因素,在对环境因素作用于司法运行系统的实际影响进行考察的基础上,进一步对这一现象展开规范性讨论。

　　系统理论为我们提供了一种关系视角,让我们认识到真正影响司法运行的不是任何一个单一的因素,而是多种因素合力的作用。虽然在司法场域中法院凭借着制度优势拥有着最后的法律决定权,但是与此同时,场域中其他主体在各自利益诉求的驱动下从未停止对法律决定权的争夺。而中国社会的转型变革以及司法的思维方式及其文化特征,恰恰为这种争夺提供了条件和可能性。如果说影响性诉讼案件各方主体的利益诉求决定了其在司法场域中的立场和行动方向,那么主体之间的利益冲突以及"资本"权重对比则决定了其在司法场域中的行动内容和后果。在影响性诉讼案件中,环境因素的作用体现在两个阶段中:一是常规案件转变为影响性诉讼案件的过程;二是在司法场域中对法律决定权的争夺过程。民众和媒体在第一个阶段起着决定性的作用,而在真正决定案件结果的第二个阶段,为政者往往起到更为重要的作用。这种影响模式可以概括为:民众或媒体影响为政者的态度,为政者的态度左右案件的裁判。

针对环境因素是否应该作用于影响性诉讼案件的问题,本书是从考察环境因素作用于司法运行系统会产生哪些负面效果的角度切入的,通过识别出这些威胁司法基本价值的负面效果,可以更加明确环境因素作用于司法运行系统的限度在哪里。为了消除民意对司法权威的不利影响,需要在司法中通过更多制度化的方式吸纳民意。而针对为政者对司法独立的不利影响,需要发挥民众对为政者的制衡作用。然而,问题并没有到此结束。在司法运行系统中,如何发挥民众对为政者的制衡作用、如何用制度化的方式吸纳民意,这两个问题又涉及如何处理司法运行系统封闭性和开放性关系的问题。为了确保司法运行系统的封闭性,一方面需要加强对法官自利动机和司法官僚化等制约司法裁判的非规则性因素的研究,另一方面需要构建司法公开、司法说理和教育引导等民众规范性期望的实践路径。为了确保司法运行系统的开放性,需要重构司法民主的论证路径,将关注点从权力正当性来源转向权力制衡。由此也决定了其两个重要的面向:一是探求民意的真实诉求并建立相应的制度保障;二是为司法民主界定合理的边界。

目　　录

绪　　论

第一节　问题的提出

一、形式主义法治遭遇的司法困境

2009 年 5 月,云南男子李昌奎强奸了同村少女,并杀害了她及其三岁的弟弟。2010 年 7 月,昭通市中级人民法院在一审中认为,李昌奎"有自首情节,但依法不足以对其从轻处罚",从而以故意杀人罪和强奸罪判处李昌奎死刑。2011 年 3 月,云南省高级人民法院在二审中以"李昌奎及其辩护人所提被告人具有自首情节,认罪、悔罪态度好,积极赔偿被害人家属"为由,在终审判决书中改判李昌奎为死刑缓期二年执行。① 消息一出,引起了广大民众的普遍关注,人们通过微博等网络媒体纷纷发表不同意见。腾讯网名为"怎么看李昌奎死缓判决"的民意投票显示,支持判处李昌奎死刑的网民占 97.78%,支

---

① 《云南一男子强奸杀害两人 终审因自首悔罪获免死》,搜狐网 http://news. sohu. com/20110703/n312267377. shtml,最后访问日期 2011 年 7 月 3 日。

持云南省高级人民法院判处死缓的网民占 1.19%，认为不好说的网民占 1.03%。① 2011 年 7 月 13 日，云南省高级人民法院正式作出再审决定，表示"我们将认真听取人民的意见，充分考虑民意"②。2011年 8 月 22 日，云南省高级人民法院再审后认为李昌奎"虽有自首情节，但不足以对其从轻处罚"，改判李昌奎死刑，剥夺政治权利终身，并依法报请最高人民法院核准。③ 李昌奎案从以下两个方面突破了法律形式主义的界限：第一，法律之外的民意对这个案件的审判结果起到了至关重要的作用；第二，同一个法院依据同样的法律事实、同样的法律条文，得到的却是不同的判决结果。④

确定性是法治追求的一个目标，法律形式主义把这种确定性寄托于法律是自明、自成一体的独立体系之上。法律形式主义假设法律体系是逻辑自足的，且每个法律概念都有着明确和清晰的含义。法官在司法过程中能够准确理解和把握法律，并能够排除一切非理性因素的干扰。这种理论允诺并追求司法的绝对确定性。在法律的指引下，法官可以将案件事实高度精确地涵摄于法律规则之下，从而得出唯一正确的答案。然而，形式主义法学所精心构筑的实现法律确定性的概念王国却遭受到越来越多的质疑。最先对法律条文的确定性发难的是美国大法官小奥利弗·温德尔·霍姆斯（Oliver Wendell Holmes，Jr.），他以实用主义为理论指导，提出"法律不是逻辑，而是经验"的观点。对此，实证主义代表人物 H. L. A. 哈特

---

① 《云南"赛家鑫"改死缓的疑问》，腾讯网 http://view.news.qq.com/zt2011/lichangkui/index.htm，最后访问日期 2011 年 7 月 5 日。

② 《李昌奎案办案法官：再审看似公正实则伤害法治》，东方网 http://news.eastday.com/c/20110803/u1a6033073.html，最后访问日期 2011 年 8 月 3 日。

③ 《李昌奎案再审全纪录：重归死刑》，财新网 http://china.caixin.com/2011-08-23/100293575_all.html♯page2，最后访问日期 2011 年 8 月 26 日。

④ 二审、再审判决书判决理由对比参见《李昌奎奸杀少女摔死男童案》，腾讯网 http://news.qq.com/zt2011/lchk/index.htm，最后访问日期 2011 年 10 月 5 日。

(H. L. A. Hart)也指出:"在概念的边缘地带或曰灰色地带,概念的所指会变得非常不确定。为了使用包含一般化分类语汇的传播形式来传达事实情况,边界地带的不确定性是我们必须付出的代价。"①对法律形式主义攻击最猛烈的当数现实主义法学。作为现实主义法学的代表人物,美国法学家卡尔·N.卢埃林(Karl N. Llewellyn)对"书面规则"和"现实规则"进行了区分,进而指出法律条文的规定和人们的实际行为并不完全相符,因而法律条文本身并不是确定的。

如果说上述围绕着法律的不确定性所展开的对法律形式主义的批判主要是在西方的背景和学术传统下进行的,那么李昌奎案的出现,则为对法律确定性的质疑提供了中国的语境。

法律形式主义主张法律至上、规则之治,但是当现实中出现依据相同的规则却得到不同判决,甚至由法律之外的因素来左右判决的情况时,法律的确定性体现在哪里?法律的至上性又体现在哪里?这一系列问题的提出不只是对法律形式主义的挑战,更是对法治理想的考验。在李昌奎案这种由于引起社会热议以至于影响法官抉择的案件中,当我们对法律条文确定性的幻想破灭后,又应该如何实现法治的确定性承诺?

二、论题的确定

值得注意的是,李昌奎案并不是一个个别的案例,近年来在我国发生的于欢案、刘涌案、黄静案、宝马撞人案、南京彭宇案、许霆案等一系列类似李昌奎案的诉讼共同为我们呈现了这样一种与司法有关的现象:"原本是一个小范围的地方性、私人间的诉讼案,在某种因素的刺激和诱导下,不经意之间演变成为众所周知的公共事件,成了民

---

① ［英］H. L. A.哈特:《法律的概念》,许家馨、李冠宜译,法律出版社 2006年版,第 123 页。

众竞相表达的公共话题；在法院进行审判的前后过程中，民众和媒体也纷纷展开审判，出现了所谓的'舆论法庭'或'民意法庭'；民众对案件作了庭外的预判，法官变成受民众委托来审判的人；于是，个案的事实因关注度高而被民众和媒体不断加工和形塑；个案的司法，也因此隐含着某种象征性的社会效应……"①本书将这一类诉讼统称为影响性诉讼案件。

区别于普通案件，影响性诉讼案件具有曝光度高、社会关注程度高的特点。因而也更容易受到来自民众、媒体乃至政治力量等因素的干预。对于这种干预，法学界有两种截然不同的态度：一种持反对观点，主张"作为一种大众民意的涉案民意所具有的多元性、易变性、非理性、易受操纵性、案后性等特点，决定了其不应当成为审判的依据。在现代，民意审判违反法治原则，具有违法性"②；一种持支持观点，认为"舆论过问个案甚至舆论进行审判，在中国语境中有其必然性，从法律的角度看是可以容忍的，从推动司法体制改革的角度看，甚至不是坏事"③。

但无论双方的观点有多大差异，在一个问题上却可以达成共识：影响性诉讼案件已经成为当下社会生活中客观存在的一种现象。更为重要的是，随着社会的不断变革、法治的不断推进，社会公众对于司法个案的关注会越来越多，对于司法活动也会给予更广泛、更直接的影响和评价。换言之，一方面，影响性诉讼案件作为一种司法现象并不是偶然或者暂时出现的，而是会持续存在的。另一方面，影响性诉讼案件中民众、媒体、为政者等环境因素的介入，不仅带来了法律

---

① 孙笑侠：《公案的民意、主题与信息对称》，载于《中国法学》2010 年第 3 期，第 136 页。

② 周永坤：《民意审判与审判元规则》，载于《法学》2009 年第 8 期，第 3 页。

③ 《中国语境中的舆论与司法》，中国理论法学研究信息网 http://www. legal-theory. org/？mod＝info&act＝view&id＝12803，最后访问日期 2013 年 5 月 19 日。

形式主义界限被突破后凸显的法律确定性问题,而且也对我国的司法改革提出了新的问题,概括起来包括两个方面:第一,司法机关的地位和作用,主要涉及司法机关和政治权力主体之间的关系和边界设定以及司法权的配置,核心问题是司法功能和司法独立;第二,司法与社会的关系,主要涉及司法的程序正义和实质正义之间以及司法权的行使和公民的利益诉求之间的紧张关系,核心问题是司法公开和司法民主。这些问题恰恰是我们在司法实践过程中无法回避的。

基于此,本书把影响性诉讼案件中的环境因素作为研究对象。在环境因素会对影响性诉讼案件产生作用的前提下,把对影响性诉讼案件产生作用的外部力量概括为民众、媒体和为政者三个因素①。在考量环境因素对于司法活动的实际影响(包括如何作用、作用的条件和效果等)的基础上,对环境因素作用于影响性诉讼案件进行规范性讨论(包括如何评价环境因素作用于影响性诉讼的后果、如何处理司法运行系统的开放性和封闭性的关系等)。

三、论题的意义

(一)理论价值

其一,影响性诉讼案件环境因素研究是对我国影响性诉讼案件问题研究的深入推进。国内对于影响性诉讼案件的研究逐步深入,积累了一定的学术资源。但如果从研究方法上进行反思,既有研究在以下两个方面仍然存在不足:第一,研究方法单一,以往的研究大多采用社会学的方法,局限于对民众、媒体、为政者和司法之间关系

---

①　对"民众、媒体和为政者"三个主体的抽象概括借鉴了孙笑侠教授的研究成果,参见孙笑侠:《司法的政治力学——民众、媒体、为政者、当事人与司法官的关系分析》,载于《中国法学》2011 年第 2 期,第 57—69 页。

事实层面的描述,而很少运用经济学、政治学的相关理论和方法对现象进行价值和功能层面的分析;第二,局限于孤立、片段式的研究,既有研究大多局限于对民意和司法之间、媒体和司法之间或者行政权和司法权之间的关系的研究。事实上,影响性诉讼案件会受到多种环境因素的影响,判决结果也是在这些因素的相互作用下形成的,因此,仅针对影响性诉讼案件中的某一环境因素进行的研究并不能真正呈现出影响性诉讼案件审判的过程。本书采用影响性诉讼案件环境因素的分析框架将民众、媒体、为政者等环境因素都考虑进来,进而为影响性诉讼案件问题的研究提供了新的观察视角和研究路径。同时,本书研究的重点不仅限于对外部因素影响个案审判结果的过程进行描述,还包括在承认社会和司法之间互动关系的基础上,对外部因素作用于影响性诉讼案件的现象进行评价和规制。

其二,以影响性诉讼案件环境因素研究为切入点,可以发掘我国法治进程中的一系列重大的理论问题。凤凰网曾经对"李天一案"做过一项民意调查,其中一个问题是:你是否希望案件审判受到舆论影响? 有38%左右的网民认为审判应该吸纳舆论的意见,而40%左右的网民认为审判不应该受舆论的影响。[①] 在民众对司法和舆论关系的不同态度背后,是民众对司法的不同需求和期待。"我们的许多道德选择的困难似乎来自我们追求的目标的深刻分裂",如果说民众对司法公正、司法功能有着不同的甚至相反的理解,那么司法在实际运行过程中必然陷入两难的困境,从而无法达到民众的预期。影响性诉讼案件环境因素如同折射我国社会转型时期司法生态的一面镜子,诸如司法职业化和司法民主化、司法和民意的关系等一系列在我国法治建设进程中既重要又有着极大分歧的理论问题都由此显露出

---

① 《六成网友驳舆论审判论 李天一屡犯案引公愤》,凤凰网 http://ent. ifeng. com/idolnews/special/lgf/content-6/detail_2013_03/20/23308215_0. shtml,最后访问日期 2013 年 3 月 20 日。

来,考验着法律理论和实务界在这些问题上的基本立场和态度。

(二)实践价值

微观层面上的意义在于,通过分析影响性诉讼案件中各方力量对法院审判的实际影响,为法官审判提供新的思路。

宏观层面上的意义在于,从这些影响中理解法院与为政者、民众和媒体之间权力运行的实际界限,从而提出可行的司法改革建议。

第二节　研究综述

一、国外既有研究

在美国有一类案件和我们所说的影响性诉讼案件比较接近。这些案件的特点是在公众中广为人知且颇具影响力,因而被称为"公共案例"。美国在 20 世纪 50—60 年代以及 90 年代中期曾经两次出现关于"公共案例"的学术讨论高潮,基本上是围绕着言论自由、新闻自由与公正审判等方面的问题展开的。

关于公众意见对司法活动的影响效果问题,很多政治学者采用了社会科学的方法进行了研究。美国的法律史学家巴里·弗里德曼(Barry Friedman)将联邦最高法院两百余年的发展历程分为四个阶段进行分析,得出最高法院在审判活动中一直对公众意见进行着有效回应。还有研究者将罗斯福新政以来最高法院的重大判例和全国范围公众意见进行比较之后发现:法院对于保护少数群体利益等多数民众明确支持的问题的判决会很坚决;而对于同性恋合法化等存在争议或者多数民众不认同的问题的判决则表现得较为节制。[①] 政治学学者托马斯·马歇尔（Thomas Marshall）在《最高法院与公众意见》一书中，系统地对最高法院判决和公众意见之间的关系进行了实证研究。马歇尔通过调查公众意见发现，法院和民选机构一样，不会轻易偏离公众意见，其所作出的判决具有很强的多数主义性质，因而法院本质上是一个多数主义的机构。[②] 随后，不同于随机性的公众意见调查，有学者利用综合性的"国内政策情绪指数（domestic policy mood index)"来衡量公众态度，但是同样得出最高法院判决和公众态度之间具有明显关联性的结论。[③]

关于公众意见对司法活动的影响范围和条件问题，康奈尔大学的卡西斯等人在一项实证研究中选取了 20 世纪 50 年代到 21 世纪初的审判季作为研究区间，研究对象主要是美国联邦最高法院在刑事程序、公民权利和经济事务等方面推翻下级法院判决的典型案例，判决结果与同时期的公众情绪调查数据比对的结果显示，最高法院的判决在自由主义/保守主义立场上能够与公众意见保持一个较为稳定的均衡。还有学者对公众意见对司法活动的影响范围进行了定量研究。学者对最高法院法官在 1953—1992 年间的司法判决进行了考察，同时设定了法官的自由派倾向和"国内政策情绪指数"的考核指标，进而得出结论：公众意见会对相当数量的法官产生影响，而这种影响最显著地体现在中间派法官的身上。公众意见的司法活动的影响是受一定条件限制的：包括法官个人因素、诉讼争议的背景还

[①] See David L. Kirp, "Community Control, Public Policy, and the Limits of Law", *Michigan Law Review*, Vol. 68, No. 7. (Jun. 1970), pp. 1355-1388.

[②] See Thomas Marshall, *Public Opinion and the Supreme Court*, Unwin Hyman, 1989, pp. 83-85.

[③] See James A. Stimson, *Public Opinion in America：Moods, Cycles, and Swings*, Westview Press, 1999, pp. 175-185.

有在法院内部占主流的司法哲学。[①]

公众意见对司法判决发挥影响的限制,在美国经历了从严格受限到受到尊重的演变历程。最早的蔑视法庭罪和1789年的《司法法》对于公众意见影响司法活动进行了严格限制,侮辱或妨碍司法的言行将会被处以罚金、监禁甚至入罪。法院通过"审而未结"和"合理倾向"两项原则,以限制令的方式对新闻报道等多种方式的公众意见表达进行规制。这一态势在1941年布里奇斯诉加利福尼亚州案(Bridges v. California)后得到了大幅扭转,法院相对放宽了公众意见对司法活动影响的限制:法院不得任意惩罚发布言论者,如果惩罚则必须符合两个标准:第一是存在着针对正常司法秩序"极其严重"的实际恶意;第二是这种险情处于"迫在眉睫"的状况。此后,作为基本人权的言论自由和新闻自由,在美国宪法第一修正案和宪法第十四条修正案的支撑下,在联邦法院和州法院的司法活动领域受到了相当的重视,蔑视法庭罪失去了其对抗公众意见批评的工具性作用。而且公众意见影响司法活动的途径还在不断丰富,有法院在判决书中引用公众意见调查数据作为断案依据。在这种背景之下,联邦最高法院将更多的注意力从保护法院和法官的独立与尊严逐渐转向保护被告人的权利,例如限制陪审团成员阅读有关案件的评论或观看相关电视节目等,以减少相关舆论对审判活动的影响,使被告获得宪法第六条修正案所给予的"一个公正的陪审团"的审理。[②]

二、国内既有研究

随着近年来影响性诉讼案件被社会公众广泛讨论,案件受关注

---

① See Thomas Marshall, *Public Opinion and the Rehnquist Court*, State University of New York Press, 2008, pp. 95-99.

② 参见侯健:《传媒与司法的冲突及其调整——美国有关法律实践评述》,载于《比较法研究》2001年第1期,第84—90页。

度和影响力不断提高,引发了法学界对于"司法和民意""媒体和司法"等一系列问题的讨论。在中国知网检索题名中含"司法"和"舆论"关键词的文献,2003—2019 年博士论文共 3 篇,硕士论文共 129篇,期刊来源类别不限论文共 519 篇,北大核心和 CSSCI 论文共 86篇;检索题名中含"司法"和"民意"关键词的文献,2003—2019 年博士论文共 3 篇,硕士论文共 89 篇,期刊来源类别不限论文共 305 篇,北大核心和 CSSCI 论文共 67 篇;检索题名中含"司法"和"媒体"关键词的文献,2003—2019 年博士论文共 2 篇,硕士论文共 103 篇,期刊来源类别不限论文共 534 篇,北大核心和 CSSCI 论文共 133 篇。

　　围绕着司法和民意的问题,法学界先后展开了这样几个层次的讨论。第一,民意是什么或者民意的形成机制是什么? 第二,民意是否影响了司法? 如果是,如何影响? 就这两个层面的问题,学界基本达成了这样一种共识:民意是一种法律的外部因素,民众对法院认定的案件事实和法律判决产生怀疑甚至两者观点产生冲突,会对法院的审判活动造成一定的影响。① 在此基础上,学界又转向司法和民意的关系,即民意影响司法的限度这一应然层面上的问题展开讨论。目前法学界大致有三种观点:一种是主张法院审判不应受到民意的影响;一种是主张民意应当成为法院审判的考量因素;还有一种是介于二者之间的观点,主张用程序机制把民意引入司法。坚持第一种观点的代表性学者是周永坤,他基于民意具有非理性、多变性、易受操纵性、非专业性等特点,民意审判有违法治原则以及民意审判违反

---

① 　较为详细的论述参见何海波:《实质法治:寻求行政判决的合法性》,法律出版社 2009 年版。孙笑侠围绕公案的相关论文,如:《公案的民意、主题与信息对称》,载于《中国法学》2010 年第 3 期,第 136—144 页;《公案及其背景——透视转型期司法中的民意》,载于《浙江社会科学》2010 年第 3 期,第 21—28 页。还有学者运用实证主义方法,还原司法裁决与民意导向的交互过程,参见李奋飞:《舆论场内的司法自治性研究:以李昌奎案的模拟实验分析为介质》,载于《中国法学》2016 年第 1 期,第 269—288 页。

现行法律三个方面反对民意进入司法；①还有的学者从中国司法现状的角度出发，认为"在我国法院受控党政、法官级别和考核制度高度行政化的现实背景下，在司法过程中强调社会效果的最终结果必然导致法官独立性受到群体意见的威胁"②，因而司法应该警惕民意。坚持第二种观点的代表人物是何兵，他认为民意判决代表了法律的"人民性"，是法律力量之所在。③ 对民众影响司法的正当性给予法理论证的是顾培东。他从四个方面论证了"公众判意"的正当性：公众判意不构成对司法独立的贬损，公众判决是司法机关处置个案的重要参考，强调吸收公共判意是司法公开化、民主化的有益实践，吸收公众判意是平衡法律资源配置的重要手段④。坚持第三种观点的学者主张："作为法律适用机关的法院在回应民意上具有不同于政治机关的特点，必须以一种理性、中立的态度审慎地回应民意，做到有理有节、有所为有所不为。在回应过程中，应当根据民意的特点着重处理法意与民意、社会民意与权力意志之间的矛盾冲突关系，为此，必须在回应民意的时机选择与方法操作上遵循司法活动的基本规律。"⑤还有的学者试图用共识理论把民意吸纳进司法过程，如葛洪涛在法律解释的视角下，借鉴解释学和哈贝马斯的理论，把司法判决正

---

① 周永坤：《民意审判与审判元规则》，载于《法学》2009 年第 8 期，第 3—15 页。

② 姜斌：《司法中群体观念的形成机制》，载于《浙江社会科学》2010 年第 3 期，第 50 页。

③ 何兵：《法律的力量从哪里来》，法律博客 http://wyrl. fyfz. cnblogwyrl/index. com，最后访问日期 2019 年 10 月 28 日。

④ 顾培东：《公众判意的法理解析——对许霆案的延伸思考》，载于《中国法学》2008 年第 4 期，第 175—177 页。

⑤ 褚国建：《法院如何回应民意——一种法学方法论上的解决方案》，载于《浙江社会科学》2010 年第 3 期，第 43 页。

当性的获得理解为一个达成共识的过程。① 苏力以许霆案为例，主张"在当代中国主要属于大陆法系的司法体制中，法律人应以一种追求系统性好结果的实用主义态度，充分利用各种相关信息，基于社会科学的缜密思维，尽可能借助作为整体的司法制度来有效处理难办案件"②。

国内对影响性诉讼案件的研究，最初往往停留于对国外司法与媒体关系的介绍。③ 近年来这一现象有所改变，媒体和司法关系的问题逐渐引起了法学界的关注。相较于以往的研究，目前的研究更加注重结合中国的实际情况，或者通过对具体案件中媒体对司法的实际影响的分析来讨论二者的关系④，或者通过与美国司法实践的比较，试图找到中国问题的逻辑起点在哪里、法律职业发达的国家处理媒体的方式与中国问题又有哪些对应之处。⑤

---

① 葛洪涛：《通过共识获得正当性——解释学视角下的司法过程》，载于《甘肃政法学院学报》2007 年第 6 期，第 90—94 页。

② 苏力：《法条主义、民意与难办案件》，载于《中外法学》2009 年第 1 期，第 94 页。

③ 参见吴飞：《"明显和即刻的危险"规则与表达的界限》，载于《新闻大学》2002 年夏季号，第 33—38 页；张西明：《张力与限制——新闻法治与自律的比较研究》，重庆出版社 2002 年版。

④ 参见高一飞：《评黄静案中的媒体与司法》，载于《法学》2006 年第 8 期，第 28—30 页。

⑤ 参见孙笑侠、熊静波：《判决与民意——兼比较考察中美法官如何对待民意》，载于《政法论坛》2005 年第 5 期，第 47—56 页。

第三节　研究路径与分析模型

一、研究路径

基于对法律形式主义书面规则确定性的批判,卢埃林主张把确定性的基础从规则转向行为。当然,行为是否更具有确定性,这是一个可以争论的理论问题。但是当把研究从规则转向为行为,实际上便引入了法律的外部性视角。

法律内部性视角之下的司法运行结构是法院/法官-规则-当事人,即以规则为中心,以法官和当事人为主体的传统诉讼结构。这种结构具有封闭性,因而会抵制外部因素的侵入。当外部因素力量很小时,外部因素在进入过程中能够被有效地过滤掉或者以技术性的手段被吸纳进该系统中。但是当外部因素力量很大,以至于这种结构难以抵制时,为了维持结构的有效性不得不在原有的规则体系中加入政策、标准、总括性条款、兜底性条款等成分,以至于失去了其形式特征而变得实质化。这为肆意性、专断性成分进入司法裁判领域创造了条件,法律保护个人自由与权利的能力也随之减弱,最终导致以合法律性(legality)所确立的合法性(legitimacy)受到质疑。在形式合法性和有效性之间,法律形式主义陷入了困境。

与内部性视角不同,法律的外部性视角并不把法律制度看作一个封闭、孤立的系统,而是将其视为存在于社会之中并和其他制度相互协调的一个社会的有机组成部分。外部性视角下的司法运行结构是司法行为-社会环境,即把法院/法官的司法行为放到更大的社会环境中考察。对于外部因素来说,这种结构具有开放性,它不仅不排斥外部因素,而且将其作为理解法律不可缺少的一种结构要素。和法律的内部性视角一样,外部性视角也追求一种确定性,只不过其确定性的基础不是建立在体系的自洽性之上,而是建立在对法律背后利益角逐的考察以及与司法行为相关的一般规律的把握上。内部性视角排除法律的外部因素,但是如果把对法律外部因素公开讨论的可能性封闭了,那么进而对之进行理性化和系统化的可能性也就被封闭了。例如在司法和民意关系的问题上,问题不在于司法判决应不应该受民意的影响,而在于公众意见是怎样形成的,又是如何表达的。如果不讨论这些实然层面的问题,价值层面的评价和规范性建构是没有根基的。而内部性视角对这些问题恰恰是忽略的。外部性视角的意义也正在于此,通过把外部因素作为司法运行结构的一部分来进行考量,实际上为对外部因素进行理性的、批判性的评价提供了一个分析的框架。

针对由于外部因素的侵入而突破了法律形式主义界限的影响性诉讼案件,本书将从外部性视角切入,通过对法院在审判这类案件时外部环境的考察,探寻影响性诉讼案件之中各种外部因素对法院的影响以及法院判决背后的利益诉求。这种外部性视角的选择,也意味着本书有着如下的理论预设:法律体系不是封闭的,而是和社会、政治等外部因素相关联的;法律制度最重要的面向不是规则,而是司法行为。这也决定了本书研究的重点不在法庭之内而在法庭之外,主要目的不是建立自洽、抽象的法律体系,而是对具体法律运作过程进行情境化研究。影响性诉讼案件环境因素研究为讨论影响性诉讼案件问题提供了一个分析框架,它把法官、普通公众、媒体以及为政者都放在同一个情境中来考察,假定各方的力量会对案件判决产生影响,并且重在分析这些影响产生的过程及其原因。这种框架不意味着承认存在就是合理的,而是主张在提出规范理论之前应该认真对待所要规范的对象;这种框架也不意味着法官可以放弃其独立判断和理性推理这一司法的基本要求,它只是为法官的选择提供新的思路。法官可以秉持自己的法律信念不惜对抗主流意见,但他事先应当清楚他愿意为司法判决合法性所付出的代价。

二、分析模型

(一)一般系统理论

1.系统理论在方法论上的意义

"系统"一词最早源于古希腊,指的是某个由实在各部分因素所组成的集合体。在传统的系统观念看来,系统是由各个因素组成的,而这些因素在整体中占据了各自特定的位置,同时相互之间也保持着一定的关系。[①]

(1)亨佩尔命题及其困境

亨佩尔命题是指历史解释和科学解释在方法上并无不同,可以把自然科学的方法系统地引入历史研究中。它的困境在于无法解释科学的"稳态分析"和社会历史的多样性之间的矛盾。科学遵循一种简单的因果逻辑,而历史研究的对象庞杂,无法用简单的因果逻辑加以解释。科学的因果律应用于历史研究中会遇到如下两个问题:一是历史的多因性;二是历史现象的互为因果性。

(2)结构-功能模型

针对亨佩尔命题的缺陷,众多学者从方法论角度大致提出了两种解决方法:一种是寻求终极原因的决定论;一种是倾向于历史不可解释的多因论。区别于上述两种方法,系统论提供了一种结构-功能模型。该模型把原因细化为三种确定的类型,肯定研究对象的规律

---

① 参见高宣扬:《鲁曼社会系统理论与现代性》,中国人民大学出版社2005年版,第79页。

性,从而区别于多因论所主张的原因具有偶然性;又通过对子系统功能耦合的研究,承认研究对象的多样性,从而区别于决定论的一元论解释方式。

2. 系统理论的发展历史

第一个阶段的系统理论采用的是部分与整体间的区分范式,即将系统看作是由各个部分所构成的一个整体。为了保证整体的封闭性和连续性,组成整体的不同的部分服从于特定的秩序。在这个范式下,系统仅指一种纯粹的内部秩序,因而排除了对外部环境的考量。它关注整体和部分之间的关系,并将整体视作各个部分的总和。但是,整体并非各个部分的简单相加,而是一种由部分组成却又高于部分的特殊形式,在质的方面整体具有自己新的规定性。在这个阶段对系统进行分析时,聚焦于整体和部分之间关系的思维模式占据了主导。

与第一个阶段整体和部分的分析范式不同,第二个阶段的系统理论考虑到了环境,并把系统和环境之间的区分作为分析范式。在第二个阶段,系统理论开始意识到环境对于系统的重要性,"封闭系统的特色在于它是以内在稳定的方式来维持自己,并且在达到平衡状态之后就不会变化,这样的系统不与其环境保有交换关系。这一模式把注意力集中于系统内部,而基本上忽视了系统与其外部的关系,因而被认为不能有效地解释系统的存在及运作的实际状态,因为系统实际上是无法离开其环境而存在的。因此,这种理论形态逐渐让位于系统与环境关系的研究"[①]。在系统理论的第二个阶段,发生了一个对于系统理论而言非常重要的转变,整体和部分的区分被以系统和环境的区分所取代。在这个分析范式下,系统被视为一个开放的构成体,系统与环境之间保持着交换关系。但是在这个阶段,环

---

① 杜健荣:《卢曼法社会学理论研究》,吉林大学 2009 年博士学位论文,第 28 页。

境并未被看作系统的构成要素,而仅仅被视为对系统的潜在威胁。

　　第三个阶段的系统理论进一步深化了系统和环境之间的内在关联,认为系统和环境是相互依赖的,系统在维持自身和环境的边界的过程中达到自我塑成的结果。两位智利生物学及神经生理学家马图拉纳和瓦拉那的研究为新的系统理论的发展提供了关键的基础性思考。马图拉纳和瓦拉那通过研究得出,生命系统是自我塑成的自主系统,是自我生产及自我维持的单元。自我塑成的系统由一个循环型网络所组成,其行进方式是诸组成部分一再透过它们的互动生产出同一个网络。自我塑成系统既是自主的,又是开放的。① 在这种分析范式下,系统不再是一个封闭的整体,而是诸多过程的一种组合。系统通过有选择地处理来自环境的输入来不断界定自身和环境的边界,同时通过对环境进行选择性输出来改变环境的状态。

(二)卢曼的系统理论

　　德国著名社会学家尼古拉斯·卢曼沿用了一般系统理论对于系统和环境的区分,并且特别强调环境对于系统的重要性。他指出:"环境这一概念并不仅仅指存在于所研究的系统之外的事物,这不是一个区分'这里'和'其他地方'的问题。这一主题的新颖之处毋宁在于:一个系统的结构和过程只有在与环境的关联中才有可能存在,而且只有在这样的关联中加以考虑才有可能被理解……甚至我们可以说一个系统就是它与它的环境之间的关联,或者说系统就是系统与环境之间的差异。"② 因而在卢曼看来,基于环境对于系统的重要意

---

　　① 参见杜健荣:《卢曼法社会学理论研究》,吉林大学 2009 年博士学位论文,第 31—36 页。

　　② Niklas Luhmann, *The Differentiation of Society*, Columbia University Press, 1982, p. 257. 转引自杜健荣:《法律与社会的共同演化——基于卢曼的社会系统理论反思转型时期法律与社会的关系》,载于《法制与社会发展》2009 年第 2 期,第 111 页。

义,系统理论的一个重要任务是认真对待系统和环境之间的关系。

通过研究视角的转换,卢曼向人们呈现了系统和环境的相互依存关系及系统开放性的一面。他认为系统和环境之间的差异在于复杂程度不同。环境要比系统更加复杂、具有更多的可能性。与此相应地,系统需要不断产生化约环境复杂性的机制,从而维持自身的存续。正是在系统和环境的这种互动之中,系统实现了对自身的构建。与此同时,系统和环境的这种相互依存关系决定了系统不仅具有封闭性而且具有开放性。为了应对环境中的各种可能性和干扰,系统必须对环境保持开放,从而维持自身的运作。

为了说明系统在具有封闭性的同时还具有开放性,卢曼进一步区分了规范的预期和认知的预期。他指出:"法律是一个在规范上封闭而在认知上开放的系统。法律系统的自创生在规范上是封闭的,只有法律系统能够授予其元素以法律的规范性,并把它们作为元素建构起来……同时以及精确地与这种封闭相联系的是,法律系统是一个在认知上开放的系统……通过程式,它使其自身依赖于事实,并且在事实压力要求时,它也能够改变这一程式。因此,法律中的任何一个运作,信息的每一个法律处理都同时采取了规范的和认知的取向——同时而且必须连接在一起,但是并不具有同样功能。规范属性服务于系统的自创生,即其在与环境的区分中的自我存续。认知属性则服务于这一过程与系统环境的调和。"①

---

① Niklas Luhmann,"The Unity of Legal System", in: *Autopoietic Law: A New approach to Law and Society*, Walter de Gruyter, 1987, p. 20. 转引自杜健荣:《法律与社会的共同演化——基于卢曼的社会系统理论反思转型时期法律与社会的关系》,载于《法制与社会发展》2009 年第 2 期,第 113 页。

（三）卢曼系统理论引入司法裁判活动

1. 一个新的视角

卢曼的系统理论通过强调环境对于系统的重要作用，把人们的关注点从系统自身的运行规律转向了系统和环境之间的关系以及系统在环境之中的状态和处境，从而为社会学研究提供了一个新的视角，而这样一个新的视角也为研究司法审判活动提供了一种新的可能性。

首先，系统论视角相对于内在研究视角具有功能主义的外部观察优势。以典型的内在研究视角——法教义学为例，在研究法官的司法裁判时，研究者是站在法律知识共同体成员的立场，其拥有和法官相同或相近的法律知识背景，最终的目的是帮助法官在法律框架的指引下寻找到唯一正确的答案。它要回答的是"什么"的问题，因而属于一阶观察的层次。归结起来，内在视角是对法官司法裁判活动的同情或移情理解。与内在视角不同，系统论视角已经完全脱离了裁判者这一角色，其运用功能主义的分析方法集中关注于判决作出的社会条件和社会后果。它要回答的是"为什么"的问题。

其次，系统论视角相对于法律形式主义研究具有更宽广的视域优势。法律形式主义虽然对制定法采取的是外部观察分析的方法，但其视域较窄，多是"就法论法"，仅限于法律的规范性和自主性。系统论的视角则不同，其更多的是一种"法外论法"，是将法律放置于更加宽广的视域里，将其作为一种社会现象、经济现象、政治现象来加以观察和研究，主要关注法律的实施过程及其运作的经济和社会效果。系统论视域广阔，有助于利用更加充分的经验数据来分析司法活动的运行，也会为提出建设性的、体系化的完善建议和方案提供依据。

最后，系统论相对于实证分析方法具有探究法律属性的二阶观察(sceond-order observation)优势。法律政治学、法律经济学、法律心理学等实证分析方法运用的都是自然科学式的主客二分的分析框架。在这样的框架下,司法活动只是被当作一种客体和对象来加以对待,而研究的最终落脚点也并非司法本身,而是推动司法运行的深层次的政治、经济和心理等原因。与之相比,系统论的关注点更集中于司法本身,是超越了自我指涉和自我观察的二阶观察。虽然系统论也探究法律运行的经济和社会效果,但是由于其将司法行为视为一种具有沟通属性的自组织,因而更加尊重司法裁判活动的主体性和法律属性。

2. 司法运行系统——环境

英国《布莱克维尔政治学百科全书》将"司法"定义为:法院或者法庭将法律规则适用于具体案件或争议。将"司法裁判"定义为:在诉讼案件中,对有关当事人之间的权利分配问题作出有约束力的裁决,而这些权利被认为在原则上已为现行的法律所确定。[①] 由此,司法裁判也可以被看作一个由特定参与主体、特定运行程序以及特定引发机制所构成的系统,本文称之为司法运行系统。

根据卢曼的系统理论,对于系统而言,环境这种外部指涉不仅是其运作的前提,而且使其得以保持对外界的认知开放。因此,司法运行系统也不能无视其所在的环境。正如霍姆斯所言,在司法裁判过程中,"被感受到的时代需要,流行的道德和政治理论,公认的或无意识的对公共政策的直觉知识,甚至法官与他们同胞所持有的偏见,在确定支配人们的规则应该是什么的时候,都比演绎推理显得更重要"[②]。在影响性诉讼案件中,一方面存在着和司法裁判活动相对应

① 参见[英]戴维·米勒、韦农·波格丹诺编:《布莱克维尔政治学百科全书》,邓正来译,中国政法大学出版社 2002 年版,第 6 页。

② Oliver Wendell Holmes, Jr., *The Common Law*, Little Brown, 1963, p. 1.

的司法运行系统;另一方面由于具有曝光度高、社会关注度高的特点,因而比一般案件更容易受到外部环境的干扰。所以,本书采用了"司法运行系统-环境"这一分析模型对影响性诉讼案件进行研究。

第四节　基本架构和概念的限定

一、基本架构

本书各章结构安排如下:除绪论外,正文部分包括六章,外加结语。其中,第一、二章是对影响性诉讼案件中环境因素及司法场域的客观描述,第三、四章对环境因素作用于司法运行系统的现象进行分析和解释,第五、六章在上述考察的基础上界定环境因素作用于司法运行系统的限度。第一章描述影响性诉讼案件环境因素的构成,第二章呈现环境因素介入影响性诉讼案件后司法场域的面貌,第三章对环境因素作用于司法运行系统的内在动因和外部条件进行分析,第四章揭示环境因素作用于司法运行系统的内在逻辑,第五章探讨环境因素作用于司法运行系统的负面效果,第六章处理司法运行系统封闭性和开放性的协调关系。结语就民众、媒体、为政者等环境因素作用于影响性诉讼案件得出了初步结论,重申了本书的研究视角及其理论限度,并澄清了本书的立场。

二、概念的限定

(一)影响性诉讼案件

本书中的"影响性诉讼案件"特指这样一类案件:受到公众超常关注,进而由常规性诉讼案件演变为公共事件的案件。在对这些案件进行审判的过程中,法律之外的各种力量通过议论、诉说等方式对案件进行加工和形塑。影响性诉讼案件包括两个要素:一是社会的超常关注,即社会关注持续一定时间、对案件的关注带有强烈的主观意愿和情感表达色彩;二是法律之外的各种力量对案件议论、诉说的形塑过程。这里需要说明的是,本书中的"影响性诉讼案件"包括两层含义:既指影响性诉讼案件;也指对影响性诉讼案件进行审判的过程。

本书所搜集的影响性诉讼案件的个案材料主要限于2003—2019年各地法院审理过的被公众强烈关注的案件。

首先,在时间维度上,本书所关注的影响性诉讼案件集中于2003—2019年。选择这个时间区间,主要是考量到网络对于影响性诉讼案件的重要作用。影响性诉讼案件原本只是一个普通案件,能够引起全国范围的强烈关注,很大程度上依赖于信息媒介的传播,在这个过程中,互联网在社会意见的传播和汇聚方面起到了至关重要的作用。2003年中国的网民数量有了一个飞跃,从5910万增加到7950万。① 也正是从这一年开始,陆续出现了刘涌案、黑龙江"宝马撞人"案、王斌余案等多个影响性诉讼案件。

其次,受到公众高度关注。这些案件受到持续的报道,引起社会广泛和高度的关注。在此需要强调的有两点。第一,关注的主体不

① 《中国互联网发展状况统计报告》第11次(2003年1月发布)、第13次(2004年1月发布),中国互联网络信息中心 http://www.cnnic.net.cn/index/0E00/11/index.htm,最后访问日期2013年3月5日。

仅限于法律专业人士。如在由中国案例法学研究会组织评选的"2007年度十大影响性诉讼案件"中,工会主席唐晓东被开除案、程海户口迁移案等案件虽然触及了重要的制度并引起了法律界的关注,但是并没有形成强烈的公众意见,因而这类案件并不属于本文研究的影响性诉讼案件范畴。第二,公众关注案件的时机可能是在整个审判过程中,也可能是在审判程序之前或者判决以后的执行阶段。

再次,案件的内容具有公共性(主题元素),区别于娱乐事件,如艳照门案就不属于本文研究的影响性诉讼案件范畴。

最后,经过法院受理和判决。虽然存在受关注程度高并由民众参与加工、形塑案件事实的事件,但如果其没有进入诉讼程序,就不属于本书讨论的范围。

在既有的研究中,孙笑侠所提出的"公案",即"因关注度高而被民意加工过、形塑过的案件"[①],是和影响性诉讼案件比较相近的概念。两者在内容上基本是一致的。不过考虑到虽然影响性诉讼案件也强调案件内容具有公共性,但是案件受到社会高度关注和议论才是其最重要的识别标志,因此,本书用"影响性诉讼案件"而不是"公案"来代指这一类案件。除此以外,还有几个概念需要和"影响性诉讼案件"加以区别。

1. 中国影响性诉讼案件

中国影响性诉讼案件评选从2005年开始,它是指"在同类型案件中具有代表性或典型性,并且具有真正的理论研究价值以及广泛的社会影响,能够促进社会反思和制度完善的重大诉讼"[②]。这类诉

---

① 孙笑侠:《公案及其背景——透视转型期司法中的民意》,载于《浙江社会科学》2010年第3期,第22页。

② 《中国法学会案例法学研究会主办中国影响性诉讼论坛举行》,中国社会科学网 http://gn.cssn.cn/st/st_xhzc/st_shkxjclll/201501/t20150122_1488939.shtml,最后访问日期2019年2月7日。

讼和本书中的"影响性诉讼案件"都强调有较大的社会影响,但是二者的区别在于前者关注案件本身的制度意义,更加强调案件的司法指导和示范性,在作用上更类似于一种案例或者判例。评定的标准在于案件可能引起立法和司法变革,引起公共政策改变以及促进公民权利保障。而后者的着眼点是环境因素对于影响性诉讼案件的影响,评定的依据是案件是否受到公众关注及各种力量对案件的形塑程度。

2. 难办案件

这类案件无论对于当代法哲学理论还是司法实践,都是一个十分棘手的问题。它是指"事实清楚却没有明确的法律可以适用,或适用的结果不合情理甚或有悖'天理'(所谓自然法),法官因此面临艰难抉择,需要'造法'或通过解释'造法'"。① 影响性诉讼案件与难办案件在概念上存在交叉关系。有一部分影响性诉讼案件同时也是难办案件,如许霆案,但是影响性诉讼案件中还有一部分是常规案件或称例行案件,即由于"案件事实与某一法律条文之间的关联性较为明显",从而"在司法实践中'定性'比较容易的案件"。②

3. 疑难案件

这类案件是指案情复杂、事实不清或者证据繁多、法律关系烦琐的复杂案件。影响性诉讼案件和疑难案件在概念上同样存在交叉关系。有一部分影响性诉讼案件同时是疑难案件,如黄静案,但也有一部分影响性诉讼案件是属于案情简单的普通案件,如李昌奎案。

---

① 苏力:《法条主义、民意与难办案件》,载于《中外法学》2009 年第 1 期,第 93 页。

② 李红海:《例行案件与疑难案件》,《人民法院报》2005 年 4 月 29 日第 5 版。

（二）环境因素

影响性诉讼案件的审判受到外部因素的影响,这些外部因素构成了司法运行的外部环境。外部环境中包括许多因素:从影响范围的角度可以分为国际因素、国内因素;从内容的角度可以分为政治因素、文化因素、经济因素等。针对影响性诉讼案件,本书从影响主体的角度把环境因素分为民众、媒体和为政者三个因素,围绕着这三个环境因素对影响性诉讼案件进行考察。需要说明的是,从主体的角度来讲,这三个环境因素仅仅是作用于影响性诉讼案件的三个最基本因素,而在影响性诉讼案件中发挥作用的可能不止这三个因素,法学专家、律师等主体在一些影响性诉讼案件中也发挥了重要甚至关键的作用,但是这些主体在案件中发挥作用的方式和重要程度不一,如:有时律师是作为案件代理人,成了案件的参与人;有时律师是作为案件的旁观者,是普通民众的一员;有时专家出具专家意见书,直接参与案件;有时专家只是作为旁观者,对案件发表意见。由于这些主体对影响性诉讼案件发挥作用的情形更为复杂,因而本书并未将其作为特定的一类主体纳入研究范围。

（三）民意、舆论和公众意见

在本书中,民意、舆论和公众意见是在同一个意义上使用的,指的是"公众关于现实社会以及社会中的各种现象、问题所表达的信念、态度、意见和情绪表现的总和,具有相对的一致性、强烈程度和持续性,对社会发展及有关事态的进程产生影响"[①]。

[①]　陈力丹:《舆论学——舆论导向研究》,中国广播电视出版社 1999 年版,第 11 页。

第一章 影响性诉讼案件中的环境因素

近年来的影响性诉讼案件可以显示出,在司法和民意紧张关系的背后,实际上隐含着现代司法所面临的困境:一方面要维持司法体系的自洽性,另一方面又不得不考虑民众诉求等法律之外的因素。而这个问题恰恰是内部视角的现代法治框架无法解释和说明的。卢曼的系统理论则提供了一个新的视角,把人们的关注点从法律系统本身转向了法律系统之外的环境。本章将从这种外部视角出发,通过对李昌奎案的个案分析,对影响性诉讼案件中的环境因素进行考察。

第一节 对李昌奎案的个案分析

一、再审的舆论风波

一位新闻工作者曾经梳理了李昌奎案在网络民意推动之下发展变化的始末,并将该案分为七波舆论高潮。笔者将其主要内容摘录如下:

第一波：2011年4月下旬,百度贴吧、天涯社区等网络论坛上出现一个"喊冤帖",该案首次得到网友的关注。6月8日,《生活新报》和《春城晚报》在全国最早刊发了相关报道。随后有网友将药家鑫和李昌奎进行比较,指出后者在恶劣程度和作案手段方面均超出前者,由此将李昌奎称为"赛家鑫"。

第二波：6月18日,被害人家属前往昆明,分别向云南省人民检察院和云南省高级人民法院提交了案件材料。随后,一份由被害人所在地村民联名签署的请愿信出现在网络上。7月3日,中国网对此进行了报道。同一天,许多主流的门户网站,如人民网、新华网等针对这一案件分别在首页的显著位置做了报道。全国上百家媒体随即派记者前往案发地昭通市巧家县进行采访,相关的报道也开始被大规模转载。网络上出现了对二审判决一边倒的批判声,有关李昌奎逃过一死的原因成了网友议论的焦点。"迎合理念说""内控指标说""高官穷亲戚说"等说法纷纷流传开来。

第三波：7月5日,腾讯网"今日话题"针对该案进行了民意调查,结果显示:认为"二审判决量刑畸轻,应判处李昌奎死刑"的网友占了绝大多数,比例达到97.78%。除此之外,网友在腾讯微博、新浪微博及天涯等论坛上也纷纷对二审判决表达不满。云南省高级法院陷入史上最严重的舆论危机。

第四波：面对网络民意和媒体的质疑,云南省高级人民法院召开通气会。云南省高级人民法院副院长田成有抛出"绝不能以一种'公众狂欢式'的方法,来判处一个人死刑,这是对法律的玷污。10年之后再看这个案子,也许很多人就会有新的想法。我们现在顶了这么大的压力,但这个案子10年后肯定是一个标杆、一个典型"的言论。这后来被网友概括为"公众狂欢论"和"标杆论"。对此,社会各界给予激烈的反驳。"我们只要当下的公正,不要10年后的正义""公众狂欢论是对公众的挑衅,对法律的亵渎"等观点在网络和各大媒体上集中爆发。

第五波：7月13日，云南省高级人民法院决定另行组成合议庭对李昌奎案进行再审。7月16日，再审决定书被送至被害人家属，李昌奎案的再审程序也由此正式启动。此举引发舆论沸腾，也开始出现不同的声音。有网友对再审决定表示欢迎，将其称为"网络民意和舆论监督的胜利""中国民主和法治的里程碑"等。然而质疑的声音，如"网络舆论代替了审判""网络代替了法院"的言论也同时存在。

第六波：8月22日，云南省高级人民法院再审当庭宣判：撤销二审死缓判决，改判李昌奎死刑。"民意胜利""监督成功"的网络狂欢更加高涨。

第七波：9月29日，李昌奎被执行了死刑。腾讯网将"李昌奎案再审是更大的恶吗?"作为专题，引发民众对李昌奎案再审的合法性的讨论。[①]

从以上梳理的李昌奎案再审经历的七波舆论高潮中，可以得出两点结论：

第一，在李昌奎案启动再审的过程中，云南省高级人民法院和社会舆论之间存在着一种互动关系。从召开通气会、启动再审程序到再审改判李昌奎死刑，云南省高级人民法院的每一个动作都和社会舆论之间存在着某种关联。

第二，李昌奎案从2011年3月4日二审改判死缓到2011年8月22日再审当庭宣判死刑，在短短不到半年的时间里，同一个主体基于同样的案件事实、适用同样的法律，作出了完全否定自己先前结论的判决。这不仅违背司法逻辑，而且显然违反日常情理。在这个行为背后，唯一合理的推测是李昌奎案再审受到了外部力量的影响。

---

① 《李昌奎案舆情观察：网络民意倒逼中国司法公正?!》，温星0528的博客http://blog.sina.com.cn/s/blog_48dbe8570102dw30.html，最后访问日期2012年12月1日。

如果云南省高级人民法院在李昌奎案作出再审决定的过程中受到了外部力量影响的推论能够成立，那么这种影响比较明显地来自两个主体：一是民众，二是媒体。

二、二审中的政治考量

在李昌奎案再审的舆论风波中，民众和媒体显然起到了重要甚至主导性的作用。但是反观整个李昌奎案的审判过程，还有一个主体的作用却往往被人们忽视了。

如果说是民众和媒体高度、持续的关注"逼"着云南省高级人民法院陷入进退维谷的两难境地，那么最初又是什么原因促使民众和媒体聚焦于李昌奎案呢？答案是云南省高级人民法院最初对李昌奎案的二审改判。那么需要进一步追问的是，又是什么原因促使二审的法官作出死刑改死缓判决的呢？

对于这个问题，在李昌奎案二审判决之后即有网友进行猜测，概括起来有"迎合理念说""内控指标说"和"高官穷亲戚说"三种说法。鉴于李昌奎的家庭经济状况以及云南省高级人民法院在整个再审过程中的高曝光度，"高官穷亲戚说"明显是经不起推敲的。如果我们相信二审改判不存在司法腐败，那么改判的原因是否可能是"迎合理念说"或者"内控指标说"呢？

"少杀、慎杀"是我国一项重要的刑事司法政策，针对李昌奎案，云南省高级人民法院发言人也给出了这样一种解释："之所以采取死缓，也是基于最高人民法院曾经的明确规定：对于婚姻家庭、邻里纠纷等民间矛盾激化引发的故意杀人犯罪，适用死刑一定要十分慎重"，"最高法近年来一直提'少杀''慎杀'，就是要给予人性和人权。'我们不能再冷漠了，不能像曾经那样，草率判处死刑，杀人偿命的陈旧观点要改改了。'"①似乎用"迎合理念论"来解释二审改判很能站得住脚。但是当进一步深究时,我们会发现在这种官方说辞的背后是一套更为隐秘的逻辑在起作用。"根据当下的死刑复核制度,死刑立即执行的复核机关是最高法院,而死刑缓期执行的复核机关是高级法院。从死刑核准制度上分析,高级人民法院更多考量的也许是:如果维持中级人民法院的死刑立即执行这一判决,就得报请最高法院核准。若将来被最高法院驳回或改判,必然影响二审判决的维持率(或改判率)。而在高级人民法院就改判死缓,则是由高级人民法院自己核准,完全没有影响'政绩'的担忧。当然,人命关天,改判死缓在程序上也要受到诸多制约,判决一定是多重因素共同作用的结果。死刑复核制度形成的生死距离,未必是促发高级人民法院更愿改判死缓的关键原因之一,但至少是其中之一,说不定还是压垮骆驼的'最后一根稻草'。"②再结合云南省高级人民法院面对的毒品案件高发、死刑控制压力大的实际情况,或许便不难理解云南省高级人民法院在李昌奎案中为何"自找麻烦",作出二审改判的行为。

其实无论是"迎合理念说"还是"内控指标说",虽然其表现形式不同,但是其背后却有着相同的逻辑,即政治因素在司法中的体现。此外,耐人寻味的是,虽然对于以何种方式启动李昌奎案再审程序最合理的问题尚无定论,但是有一点却显而易见,即在几种启动再审程序的方式中,云南省高级人民法院采用的恰恰是最不利于自己的启动方式。这又不免引发关于这个决定背后是否有某种政治力量在起作用的联想。

---

① 《云南高院副院长:不能以公众狂欢方式判一个人死刑》,凤凰网 http://news.ifeng.com/society/1/detail _2011 _07/13/7662237_0. shtml,最后访问日期 2012 年 3 月 5 日。

② 《死刑到死缓距离有多远》,凤凰网 http://news.ifeng. com/c/7faDZ2 LGPhY,最后访问日期 2012 年 12 月 26 日。

第二节　环境因素的构成

一、民众

这里的民众是指影响性诉讼案件的司法官、当事人、媒体和为政者以外的、和判决结果没有直接利害关系①的范围广泛的社会成员。有学者把民众和专家进行了区分，②本书中民众的范围则既包括非法律行业的社会成员，也包括法律学者、律师等法律行业的社会成员。根据和当事人关系的差别，又可以将民众区分为两类人：一类是关系人，即和当事人存在着亲缘、地缘等某种特定关系的人，例如李昌奎案中在联名信中署名的乡亲；另一类是非关系人，即和当事人没有任何特定关系的人。相对于关系人，非关系人是影响性诉讼案件真正的局外人。

在绝大多数案件的审理过程中，民众都属于沉默的大多数。但在影响性诉讼案件当中，民众却处于特殊而重要的地位。影响性诉讼案件最初可能仅仅是普通的案件，后来之所以演变为公共事件，民众是其中重要的推动力量。影响性诉讼案件包括两个要素：一是社会的超常关注，即社会关注持续一定时间、对案件的关注带有强烈的主观意愿和情感表达；二是法律之外的各种力量对案件议论、诉说的形塑过程。在这两个过程中，民众都起到了不可替代的作用。在李

---

① 个案除了对当事人产生效力外，还可能在一定范围内产生弥散效应，因而具有社会效果。在这个意义上，许多案件的判决都可能对案件以外的人产生间接的影响，比较典型的如彭宇案。

② 参见何海波：《实质法治：寻求行政判决的合法性》，法律出版社2009年版，第374—378页。

昌奎案中,如果没有七波舆论高潮,很难想象法院会启动后来的再审程序。民众已经成为影响性诉讼案件的重要参与者。正如何海波所说:"仅仅十余年工夫,那个对法律无知、茫然的'秋菊'不再代表公众的形象;现在的'秋菊'不但为自己争取权利,也为他人讨要说法。正式的体制不但容纳公众的意见,注意公众的意见,有时还对它作出了正面的反应。"①

值得一提的是,随着互联网的普及,产生了一种新的舆论表达样态——自媒体,包括社交网站(SNS)、微博、即时通信等方面的垂直应用程序。截至 2020 年 3 月,我国网民规模达 9.04 亿,较 2018 年底增长 7508 万,互联网普及率达 64.5%,较 2018 年底提升 4.9 个百分点。我国即时通信用户规模达 8.96 亿,较 2018 年底增长 1.04 亿,占网民整体的 99.2%;手机即时通信用户规模达 8.90 亿,较 2018 年底增长 1.10 亿,占手机网民的 99.2%。微信朋友圈、微博使用率分别为 85.1%、42.5%,较 2018 年底分别上升 1.7、0.2 个百分点;QQ 空间使用率为 7.6%。② 区别于报纸、广播、电视等传统信息传播媒介,以微信、微博和 BBS 等形式存在的自媒体由于具有交互性、平等性、实时性等特征,从而"给'受众'提供了更多的制造舆论的可能性,每个人都'可以'成为舆论的主体,'可以'组织舆论"。③ 在舆论传播的过程中,民众借助自媒体实现了身份的重要转变,从原来的信息接收者变成了信息的发布者。这主要体现在两个方面。其一,民众获取新闻资讯、设置议题的能力逐渐提高。根据《2014 年中国

---

① 何海波:《实质法治:寻求行政判决的合法性》,法律出版社 2009 年版,第 378 页。

② 参见第 45 次《中国互联网络发展状况统计报告》,中国互联网络信息中心 http://www.cnnic.net.cn/hlwfzyj/hlwxzbg/hlwtjbg/202004/t20200428_70974.htm,最后访问日期:2020 年 4 月 28 日。

③ 梁蓬飞:《弱势样态:因特网舆论功能的环境描述》,载于《当代传播》2002 年第 4 期,第 61 页。

社交类应用用户行为研究报告》的统计,62.0％的网民表示"喜欢看大家都关注的热点新闻",社交类应用的属性决定了进入关系圈内进行分享的话题多是圈内热点或共同关注、感兴趣的热点,如微博搜索热点、社交网站热点话题推荐等,网民通过这些渠道能更快地接触正在发生的热点事件。此外,45.2％的网民喜欢看短新闻,还有41.9％的网民喜欢看别人转发的新闻,社交类应用能很好地满足网民的此类需求。其二,借助自媒体平台,网友可以直接表达自己对案件的意见。根据《2014 年中国社交类应用用户行为研究报告》的统计,20.9％的人喜欢看到新闻后转发到社交类应用上面,20.1％的网民喜欢看完新闻后做评论。[①] 在李昌奎案中,最开始便是由于网络论坛上出现一个"喊冤帖"才引起了公众的关注。除此以外,还有许多影响性诉讼案件个案信息首发的途径都是自媒体,如表 1-1 所示。

表 1-1　影响性诉讼案件个案信息首发途径

案　　件	引发网络舆论的时间	个案信息首发的途径
李昌奎案	二审改判死缓后	受害人亲属在网络论坛上发出"喊冤帖"
黑龙江宝马撞人案	一审结果宣判后	网上出现"苏秀文是黑龙江省某领导亲戚"等传言
黄静案	第二次尸检后	网友"风中的追赶者"为黄静建立网上墓园
杭州飙车案	事发当日	网友上传目击照片
邓玉娇案	事发后 2 日	长江巴东网披露部分案情
南浔协警强奸案	事发 4 个多月后	网友辽河鱼在华声论坛、天涯论坛、网易论坛等论坛发帖《"临时性强奸",祝贺又一新名词诞生了》
李启铭校园撞人案	事发次日	网友发帖《有本事你们告去,我爸是李刚》

———————

① 参见《2014 年中国社交类应用用户行为研究报告》,中国互联网络信息中心 http://www.cnnic.cn/hlwfzyj/hlwxzbg/201408/P020140822_47862.htm,最后访问日期 2014 年 8 月 25 日。

二、媒体

本书中的媒体是指报纸、电视、广播等传统媒体以及新闻资讯类网站和手机新闻客户端等新型网络媒体。媒体具有一种控制舆论的社会机制，因而可以起到引导舆论的作用。"由于它们本身具有一定的权威性，传播的内容具有公开性、显著性，传播几乎无处不在，加之报道内容的类同、传播在时间上的持续和造成的信息积累，它们所提示的和强调的意见很容易被视为主流意见，或者未来有发展前途的意见，这些意见可以从容表达而不会受到孤立。于是，'沉默的螺旋'现象最大量地出现于公众接受大众媒介的意见之时，这种认知带来一种心理上的压力或对安全感的需求，使得多数公众在公开表达意见时会采用媒介上不断重复的词汇和观念，并产生判断和行为上的连锁反应。"①一方面，在影响性诉讼案件中往往充斥着"官二代""富二代""凶杀""司法腐败""暗箱操作"等易吸引公众眼球的内容，因而对于媒体具有极大的吸引力（参见表 1-2）；另一方面，媒体在影响性诉讼案件中也起了重要的作用。司法机关很难漠视传媒舆论的直接或间接影响，许多诉讼程序是在媒体舆论的敦促下才进行的，公之于世的纠纷冲突使司法机关经常被动地将其纳入诉讼的轨道。媒体不但在进入司法程序之前抛售了大量报道与评价，更为重要的是，在进入司法程序之后、判决作出之时也给予赞同肯定或批判质疑的种种传媒导向。因为媒体往往可以通过多种方式调动全社会的其他力量，比如刺激政府部门、联系民间组织，所以媒体的作用就不仅仅是提供信息，更重要的是对司法机关形成一种压力或动力。例如，在李昌奎案中，首先，受害人一方充分利用了媒体，将

---

① 陈力丹：《媒介对舆论的社会控制机制——沉默的螺旋》，载于《国际新闻界》1998 年第 1 期，第 46—47 页。

其所掌握的案件信息通过媒体向外界公布,从而使案件在短时间内引起了广泛的社会关注;其次,云南省高级人民法院召开新闻发布会向媒体通报案情,云南省高级人民法院的法官也通过媒体表达对案件的看法,从而形成法院和民众之间的互动;最后,在案件的关键节点,如二审改判、再审启动,媒体都会以专题的形式引导民众对案件进行讨论。

虽然自媒体的兴起拓宽了民众在网上收看新闻资讯的渠道,并在新闻传播速度、灵活性、自由度等方面存在优势,但是传统媒体以及新闻资讯类网站和手机新闻客户端等新型网络媒体在新闻议题的设置、舆论的汇集和引导等方面的优势则比自媒体更为突出。根据《2014 年中国社交类应用用户行为研究报告》的统计,新闻资讯类网站和手机新闻客户端仍然是民众在网上获取资讯的主要渠道。当用户在网上浏览新闻资讯时,有 39.6% 的网民会通过新闻资讯类网站关注新闻,有 27.0% 的网民会通过手机新闻客户端关注新闻。[1] 截至 2020 年 3 月,我国网络新闻用户规模达 7.31 亿,较 2018 年底增长 5598 万,占网民整体的 80.9%;手机网络新闻用户规模达 7.26 亿,较 2018 年底增长 7356 万,占手机网民的 81.0%。[2]

---

[1] 参见《2014 年中国社交类应用用户行为研究报告》,中国互联网络信息中心 http://www.cnnic.cn/hlwfzyj/hlwxzbg/201408/P020140822_47862.htm,最后访问日期 2014 年 8 月 25 日。

[2] 参见第 45 次《中国互联网络发展状况统计报告》,中国互联网络信息中心 http://www.cnnic.net.cn/hlwfzyj/hlwxzbg/hlwtjbg/202004/t20200428_70974.htm,最后访问日期 2020 年 4 月 28 日。

表 1-2　影响性诉讼案件主题元素

案　件	主题元素①	关键词
刘涌案	权贵身份	黑社会老大
黄静案	迷离疑难	美女老师、裸死、司法鉴定
杭州飙车案	权贵身份	"富二代""欺实马"
邓玉娇案	官民冲突	民女、强奸
李昌奎案	道德底线	奸杀少女、摔死男童

三、为政者

为政者是指具有政治力量的主体。由于"政治"本身是一个难以界定的、具有多个面向的概念,因而本书对"政治"采取一种较为宽泛化和语境化的方式加以理解。概括起来,包括如下几种情形:中央和各级党政机关的关系;各级党政机关和司法机构的关系;各级人大、政协和司法机构的关系;不同层级司法机构间的关系。与之相应地,为政者是包括了从各级党的机关、人大常委会机关、行政机关、政协机关到审判机关和检察机关中具有国家工作人员身份的领导干部这样一个群体。

为政者的态度往往会对影响性诉讼案件的命运产生重大的影响,他们的指示能够决定案件的进程,甚至对案件结果起到一锤定音的作用。尽管领导干部过多地干预司法活动已经越来越被认为是不适当的行为,但是在中国民主集中制的政治体制和政法传统的背景下,这种现象却有着自身独特的存在逻辑。"当舆论媒体将个案推演成为公共事件,实际上也是将更高权力直至中央被动介入办案的过

---

①　有学者对影响性诉讼案件中民众的关注焦点(主题要素)进行了归纳概括,参见孙笑侠:《公案的民意、主题与信息对称》,载于《中国法学》2010 年第 3 期,第 139—141 页。

程。这是因为个案一旦演变成公共事件,就会涉及社会稳定的大局。更高权力直至中央也就不得不介入办案过程,对具体办案机关施加压力。"①也正是源于此,最高决策层对于领导干部干预司法的行为采取的是规制而非禁止的态度。《第十八届中央委员会第四次全体会议公报》规定:建立领导干部干预司法活动、插手具体案件处理的记录、通报和责任追究制度。② 从中可以获得两点信息:第一,从反面说明目前领导干部干预司法活动绝非个别行为,而是具有一定的普遍性,否则不必专门对其加以规制;第二,领导干部并非绝对不能干预司法活动,只是干预应该以合法的方式进行。

不同于民众和媒体在影响性诉讼案件中的直接发声,为政者的意见表达往往是在幕后进行的、鲜为人知的。对于这股隐秘的力量,我们只能从有限的媒体报道中寻找到一点蛛丝马迹。针对李昌奎案的二审判决,云南省高级人民法院解释为配合最高人民法院"少杀、慎杀"的司法理念。③ 刘涌案二审被改判死缓后,民众的激愤情绪引起了最高人民法院的高度重视,并"根据有关领导的指示"决定再审该案。④ 黑龙江宝马撞人案作出缓刑判决后,黑龙江省的相关高层领导针对网上的传言,表示要秉公处理此案。此后,哈尔滨市政府新闻办公室发表讲话,表示在黑龙江省委书记的亲自过问下,此案已经省

---

① 侯猛:《民主集中制与新中国政法传统》,载于《文化纵横》2010 年第 6 期,第 63 页。

② 《第十八届中央委员会第四次全体会议公报(全文)》,中国理论法学研究信息网http://legal-theory. org? mod＝info&act＝view&id＝20290,最后访问日期 2014 年 10 月 27 日。

③ 《云南高院副院长:不能以公众狂欢方式判一个人死刑》,凤凰网 http://news. ifeng. com/society/1/detail_2011_07/13/7662237_0. shtml,最后访问日期 2012 年 3 月 5 日。

④ 《沈阳刘涌案本周四将在辽宁锦州公开审理》,东方网 http://news. eastday. com/epubish/gb/paper148/20031216/class014800003/hwz1058995. html,最后访问日期 2012 年 2 月 6 日。

委常委会研究,决定由政法机关依法专门开展调查和复查。[①] 在许霆案中,最高人民法院副院长姜兴长公开表示,一审以盗窃金融机构定罪不太合适,判处无期徒刑明显过重,并暗示,经最高人民法院核准,该案可以在法定刑以下判处刑罚。[②]

---

① 《哈尔滨市政法机关正对"宝马案"认真调查复查》,人民网 http://www.people.com.cn/GB/shehui/1062/2289764.html,最后访问日期 2012 年 2 月 6 日。

② 参见徐春柳:《姜兴长:许霆案一审量刑过重》,《新京报》2008 年 3 月 11 日第 A04 版;夏命群:《最高法院副院长:许霆案一审量刑明显过重》,《京华时报》2008 年 3 月 11 日第 010 版。

第二章　影响性诉讼案件中司法场域间的角力

司法运行系统本来是一个由特定参与主体、特定运行程序以及特定引发机制所构成的系统。但是在影响性诉讼案件中,由于民众、媒体、为政者等环境因素的介入,司法运行系统原有的运行逻辑被打破。"真正捍卫法律之实施的力量并不是任何一个法官,而是整个法律行动者,他们通常相互处于竞争之中,他们最终要确定并标示出谁是侵害者、哪一种行为构成了侵害,所以法律真正的书写者并不是立法者,而是整个社会行动者。"①本书在这一章中将运用场域理论,把影响性诉讼案件中司法运行系统和环境因素置于同一个情境下来考察,假定各方的力量会对案件判决产生影响,并分析它们之间的角力关系,进而呈现环境因素介入影响性诉讼案件后司法场域的面貌。②

---

① ［法］皮埃尔·布迪厄:《法律的力量——迈向司法场域的社会学》,强世功译,《北大法律评论》1999 年第 2 卷第 2 辑,第 539 页。

② 本章借鉴了孙笑侠教授的"政治力学分析框架",参见孙笑侠:《司法的政治力学——民众、媒体、为政者、当事人与司法官的关系分析》,载于《中国法学》,2011 年第 2 期,并在其研究的基础上做了以下推进:第一,不仅限于对各种力量关系的静态描述,也有对各种力量在司法场域中动态的竞争和斗争过程的描述;第二,不仅限于对各种力量在司法场域中所占据位置的客观表征,而且进一步探究其背后的利益驱动和资本对比状况;第三,将以往研究中被有意搁置的为政者纳入分析框架。

第一节　影响性诉讼案件中司法
场域间的政治力学现象

一、场域理论

"场域"是理解法国社会学家皮埃尔·布迪厄（Pierre Bourdieu）的实践社会学的一个非常重要的概念，它是指"在各种位置之间存在的客观关系的一个网络，或一个构型"①。

（一）场域的特征

首先，场域是一个争夺空间。"这些争夺旨在维持、存续或变更场域中这些力量的构型。进一步说，作为各种力量位置之间客观关系的结构，场域是这些位置的占据者（用集体或个人的方式）所寻求的各种策略的根本基础和引导力量。场域中位置的占据者用这些策略来保证或改善他们在场域中的位置，并强加一种对他们自身的产物最为有利的等级化原则。而行动者的策略又取决于他们在场域中的位置，即特定资本的分配。他们的策略还取决于他们所具有的对场域的认知，而后者又依赖于他们对场域所采取的观点，即从场域中某个位置点出发所采纳的视角。"②

其次，场域是一个开放空间。和系统不同，场域并不具有组成部分和要素，并排除了一切功能主义和有机论。"一个既定场域的产物

① ［法］皮埃尔·布迪厄、［美］华康德：《实践与反思——反思社会学导引》，李猛、李康译，邓正来校，中央编译出版社2004年版，第133页。
② 同上，第139—140页。

可能是系统性的,但并非一个系统的产物,更不是一个以共有功能、内在统合和自我调控为特征的系统的产物。"①"每一个场域都构成一个潜在开放的游戏空间,其疆界是一些动态的界限,它们本身就是场域内斗争的关键。"②"我们可以把场域设想为一个空间,在这个空间里,场域的效果得以发挥,并且,由于这种效果的存在,对任何与这个空间有所关联的对象,都不能仅凭所研究对象的内在性质予以解释。"③相较于系统,场域更具开放性和包容性,从而为社会学研究提供更广阔的视野。

最后,场域还是关系的系统。场域概念提供了一种从关系角度进行思考的方式。"当我谈及知识分子场域时,我非常清楚,在这个场域中,我会发现许多'粒子'(让我们暂时假想我们是在探讨一个物理场),它们受到各种吸引力、排斥力之类的摆布,就像在磁场中一样。既然对此有所认识,一旦我说到一个场(域),我的注意力就会紧紧盯住这个客观关系系统的基本作用,而不是强调这些粒子本身。而且我们可以遵循一位德国著名物理学家的公式,指出个人,就像电子一样,是场(域)的产物:在某种意义上来说,他是场域作用的产物。"④

(二)场域的运作和转变的原动力

场域不仅仅是一种意义关系,而且是一种力量关系。"在一个场域中,各种行动者和机构根据构成游戏空间的常规和规则(与此同时,在一定形势下,他们也对这些规则本身争斗不休),以不同的强

---

① [法]皮埃尔·布迪厄、[美]华康德:《实践与反思——反思社会学导引》,李猛、李康译,邓正来校,中央编译出版社 2004 年版,第 141 页。

② 同上,第 142 页。

③ 同上,第 138 页。

④ 同上,第 145 页。

度,因此也就具有不同的成功概率,不断地争来斗去,旨在把持作为游戏关键的那些特定产物。那些在某个既定场域中占支配地位的人有能力让场域以一种对他们有利的方式运作,不过,他们必须始终不懈地应付被支配者(以'政治'方式或其他方式出现)的行为反抗、权利诉求和言语争辩。"①场域的存在根源于冲突和竞争,而非结构内部自我发展的结果。正是在场域中存在各种特殊力量之间的距离、鸿沟和不对称性,从而构成了改变场域的斗争关系,进而导致了无休止的变革。

二、司法场域

司法活动实际上就是"场域"运行的产物。在司法场域中包含了两个要素:一是司法运作的内在逻辑;二是特定的权力关系。前者限定了在司法场域中可能的行动范围,后者提供了司法场域的结构及其运行的动力。

(一)司法运作的内在逻辑

司法运作遵循一定的内在逻辑,每个司法判决都应当是基于被普遍接受的法律文本并适用特定的解释原则而必然得到的结果。而正是这样一种内在逻辑性使司法判决和赤裸裸的权力行为区分开来。然而,司法运作的逻辑化或者说理性化过程并非一蹴而就,其需要经历一个持续、漫长的过程。最初如同学校和教会一样,司法机关将自身等级化,具体表现在三个方面:一是将司法组织体系及司法权力区分为不同的等级;二是将不同司法组织所作出的判决和解释相应地区分为不同的等级;三是将司法判决依据其效力和权威性区分

---

① [法]皮埃尔·布迪厄、[美]华康德:《实践与反思——反思社会学导引》,李猛、李康译,邓正来校,中央编译出版社2004年版,第140页。

为法律规范和法律渊源等不同的等级。^① 在这样一系列等级化和理性化之后，基于司法内在逻辑所制造出来的裁决不断地和由具体个体基于朴素的直觉所作出的判断相分离，直至最终实现司法运行体系独立于其赖以产生并取得合法性的权力关系的理想状态。

但是，在司法场域中符合司法运行逻辑的理想状态并不存在。在司法场域中每时每刻都发生着行动者之间的直接对抗，这种对抗的背后实际上是技术性的资格能力的竞争，亦即对于法律决定权的争夺。特别是随着形式化的法律文本和司法程序与它们所调整的社会现实之间对抗的不断加深，司法场域中的分化和对抗也在不断加深。为此，司法本身便需要回归社会现实。

（二）司法场域的特定权力关系

司法场域是对垄断法律决定权进行争夺的场所。"审判就是个人观点之间的对抗，在此，这些观点的认知方面和评价方面很难彻底区分开来。这种对抗只能通过由一个'权威'庄严宣布的判决来加以解决，这个'权威'的权力是由社会赋予的。因此，审判代表了社会世界固有的符号冲突的范式展现：这是彼此不同的、其实是彼此敌对的世界观之间的斗争。每一种世界观都以其个体的权威，寻求获得普遍的认可，并因此获得自己的自我实在化（self-realization）。在这场斗争中，真正关键的是垄断了强加普遍认可的关于社会世界的知识原则的权力，也就是垄断了强加一个合法化了的归属分配原则的权力。"^②在此，我们需要追问的是司法权力的社会条件及其限制是什么？要回答这个问题，需要超越形式化的司法活动及现有的司法需求状态，去探寻司法场域中的行动者的利益诉求及其在相互竞争的

---

① 参见［法］皮埃尔·布迪厄：《法律的力量——迈向司法场域的社会学》，强世功译，《北大法律评论》1999 年第 2 卷第 2 辑，第 502 页。

② 同上，第 526 页。

关系当中所隐含着的深层逻辑。

三、影响性诉讼案件司法场域中的六对角力关系

在普通案件中存在的是一种"控、辩、审"三方制约的诉讼格局。沿袭大陆法系的传统,我国采用的是职权主义的诉讼模式。有学者将职权主义审判模式的特征概括为:庭前进行实体审查;法官主导诉讼的进行;法官依职权主动收集、调查证据;不受"辩论原则"的严格限制;庭审分为法庭调查与法庭辩论两阶段。[①] 由于职权主义强调法官的职权调查及实体真实[②],因而法院在诉讼程序中拥有主导权。在影响性诉讼案件中,由于司法运行系统之外的环境因素的介入,这种格局随之被打破,产生了新的角力主体。本书在第一章中把环境因素概括为民众、媒体和为政者,他们单独或者联合对影响性诉讼案件的裁判产生影响作用,从而与原本处于司法场域支配地位的法院争夺法律的决定权。在这四方主体之间存在着六对角力关系。

(一)民众和法院

在影响性诉讼案件中,民众本来是和案件毫不相关的局外人。但是,在对案件进行持续关注、转述、评论的过程中,民众和案件产生了接触,并参与了对案件的形塑。针对法院已经作出判决或者尚未审判的影响性诉讼案件,民众都会直接表达对案件的态度,无论是在事实认定方面,如在"黄静案"中民众对黄静死因的猜测,还是在法律适用方面,如在"许霆案"中民众认为量刑过重的呼声,有时民众甚至会把矛头直接指向法院,如在"李昌奎案"中民众对于云南省高级人民法院的舆论讨伐。

---

① 龙宗智:《刑事庭审制度研究》,中国政法大学出版社 2001 年版,第100—102 页。

② 陈瑞华:《刑事审判原理论》,北京大学出版社 1997 年版,第314—322 页。

面对来势汹汹的民众,法院往往在无视民意和迎合民意之间摇摆,缺乏一种一以贯之的应对策略。在"李昌奎案"的再审舆论风波中,云南省高级人民法院最初显然对民意的影响估计不足,继而抛出了"公众狂欢论"和"标杆论",从而彻底挑动了民众敏感的神经,把最初民众对案件本身的质疑转向了对法院的质疑。随后云南省高级人民法院又作出了被认为是顺应民意的再审判决,但是却担负了伤害法治的恶名。

(二)民众和媒体

普通案件之所以能转变为影响性诉讼案件,一个重要条件是案件能够引起公众关注,进而引发社会议论。媒体和民众在舆论的形成过程中起到了至关重要的作用。在影响性诉讼案件中舆论有两种形成路径:第一种路径是民众借助自媒体始发,之后通过持续不断地在网站上发帖、跟帖,引起媒体关注,媒体介入后,对案件进行采访和深度报道,例如李昌奎案;第二种路径则是由媒体进行报道,接着引发广泛的网络讨论,例如药家鑫案。信息通过不断地传递,逐步获得越来越清晰的反馈,当这种反馈足够清晰和明确并且得到大多数民众的赞同时,足以对法院判决产生影响的主流舆论便最终形成了。

(三)媒体和法院

媒体对司法有舆论监督的作用,但是在一系列影响性诉讼案件中,媒体对司法的影响显然不止于监督。首先,媒体可以通过报道调动社会力量,给法院造成压力,从而引发诉讼程序,典型的例证如刘涌案的再审启动和李昌奎案的再审启动;其次,媒体会在案件进入司法程序之前或者在进入司法程序之后、作出判决之前进行大量的报道和评价,进而对法院给予肯定或者批判的舆论导向。在李昌奎案再审程序启动前,腾讯网进行了名为"怎么看李昌奎死缓判决"的民意投票,在法院作出再审决定后,腾讯网又进行了名为"李昌奎案是否应当进行再审"的民意投票。① 媒体通过议程的设置,在影响性诉讼案件中起到的已不仅仅是信息发布的作用,更起到了民意汇集和引导的作用。相较于媒体在影响性诉讼案件中的积极、主动地位,法院往往处于一种消极、被动的境地。在与媒体的交锋中,法院似乎遇到了一个悖论:若置舆论于不顾,则会招致批评;若作出迎合舆论的判决,则会引发更大的争议。这一悖论在李昌奎案中体现得尤为突出。面对李昌奎二审改判死缓的结果,媒体对云南省高级人民法院频频发难,但是当法院作出了再审决定后,媒体显然并不领情,提出了"再审李昌奎是不是更大的恶"的质疑。②

(四)为政者和法院

在我国,司法运行系统并未实现封闭。"司法仍然必须服从于党治理社会的目的,法律必须服从政治的要求,政治也要借助于法律的技术,政治与法律有机结合,构成我国独特的'政法'概念下的组织机构、权力技术和法律实践。"③在这样一种政法逻辑之下,法院不再是终局性权威,而仅仅是"社会治理"中的一个环节。所以,当影响性诉讼案件从普通案件演化为影响社会稳定大局的公共事件时,为政者会通过指示、批示甚至会议的形式表明态度,而法院对案件的处理结果也似乎与为政者的态度保持着高度的一致。无论是刘涌案中"有

---

① 参见《李昌奎案办案法官:再审看似公正实则伤害法治》,东方网 http://news.eastday.com/c/20110803/u1a6033073.html,最后访问日期 2011 年 8 月 3 日;《李昌奎案再审是更大的恶?》,腾讯网 http://view.news.qq.com/zt2011/lichangkui2/index.htm,最后访问日期 2011 年 8 月 3 日。

② 参见《李昌奎案再审是更大的恶?》,腾讯网 http://view.news.qq.com/zt2011/lichangkui2/index.htm,最后访问日期 2011 年 8 月 3 日。

③ 强世功:《法制与治理——国家转型中的法律》,中国政法大学出版社 2003 年版,第 123 页。

关领导的指示"、黑龙江宝马撞人案后几位省级领导的表态,还是许霆案中司法高层领导对于案件的评论,事实证明,这些为政者的态度都对案件的处理产生了重大影响,甚至起到了一锤定音的作用。

(五)民众和为政者

在影响性诉讼案件中,民众虽然会直接表达对于案件的态度,但是这些态度本身并不能直接对案件的判决结果产生影响。虽然李昌奎案在民意的推动下得到了再审,但是有着和李昌奎案相似案情的赛锐案却并未因民众的关注而改变判决结果。在李昌奎案进行再审的时候,受害人家属将赛锐案的情况发布到了网络上,有许多网友将该案与"李昌奎案"进行了比较,并用"不杀不足以平民愤"的激烈言辞对云南省高级人民法院的判决表示质疑。尽管有着相似的案情、相似的舆论关注、相似的民愤,但是赛锐案最终并未启动再审程序。这也证明了民众并不足以对法院的判决产生决定性的影响。有学者把中国司法受影响的模式概括为:公众影响领导,领导影响法院。①如前所述,在影响性诉讼案件中,为政者的态度会对法院判决起到决定性的作用。而民众则会通过发帖、媒体曝光等方式推动普通案件演化为公共事件,当为政者认为事态发展可能会影响到社会稳定时,便会对司法机关表态或者采取其他方式施加影响。

(六)媒体和为政者

在我国影响性诉讼案件中,民意影响司法的实际力量来自为政者而非像美国一样来自媒体。媒体作为党和政府的"耳目喉舌",受到官方力量的约束和管制,因此,媒体在影响性诉讼案件中不得不采

---

① 何海波:《实质法治——寻求行政判决的合法性》,法律出版社 2009 年版,第 403 页。

取一种双重"取悦"的态度：一方面，要尽量将争议案件推入公众视线并作出迎合公众喜好的评论，从而取悦于公众；另一方面，要对过激的案件进行谨慎筛选，从而确保符合为政者设置的尺度。

第二节　影响性诉讼案件中司法场域间的话语权争夺

影响性诉讼案件因受到公众的超常关注而由普通案件演变为公共事件。在对这些案件进行审判的过程中，法律之外的各种力量通过议论、诉说等方式对案件进行加工和形塑。相较于普通案件，在影响性诉讼案件中出现了更多的行动者，体现了更多的社会需求，因而在司法场域中的权力争夺也更加激烈。在影响性诉讼案件的司法场域中，由于法官拥有国家赋予的原始的制度化资本，因而在案件事实的认定与法律规范的适用方面拥有最终话语权。民众、媒体和为政者等其他行动者则通过各自所拥有的各种不同形态的资本，与这种制度化资本争夺案件事实认定与法律适用方面的话语权，从而对司法系统运行产生影响。

一、事实认定

在影响性诉讼案件中，法院、民众、媒体和为政者在司法场域所处的位置不同，导致其对案件的关注点也有所不同。但是，各方主体都会运用各自的资源，努力形塑案件事实，探寻着所谓"事实真相"。以药家鑫案为例，在案件的审判过程中便存在着法律事实、媒体事实和舆论事实三个版本的案件事实。

药家鑫案最初走进公众视野是由于媒体的报道。"（药家鑫）发现被撞者没死并在记他的车牌号码,他拿出刀子。他的爆发让所有人都吃惊。'好像突然间所有的路灯都灭了。我把刀扔在副驾驶的位置,我不敢看。'药家鑫被抓之后,陕西电视台的记者宫茜见到了他,这是他和宫茜说起杀人之后上车的瞬间。2010 年 10 月 20 日晚 11 点左右,药家鑫在西安大学城的翰林路撞倒了张妙。张妙是附近村的村民,在大学旁边的一个麻辣烫店打工。当时她骑着电动车和药家鑫同向行驶,药家鑫车加速后感觉撞上了什么东西,他没在意。后来他觉得不对,掉头查看,发现张妙被撞倒。事情就在此时起了变化。他后来向警方供述,他下车,发现张妙没死,并在记他的车牌号码。他拿出刀子,腹部一刀,背部三刀,前胸一刀,双手三刀。张妙的妹妹张朗说,致命的是前胸右锁骨处,主动脉被割断。药家鑫接受采访时说,他之所以选择这种方式,是怕农村人难缠。后面还跟着一句,电视上没有播出来,'我害怕她没完没了地缠着我的父母和家人'。宫茜第一眼见到他的时候,明显感觉到药家鑫整个人都要垮下来了,'比照片显得老了五六岁'。他一看到有人提摄像机进来,眼泪一下子就出来了。宫茜问他,为什么要这么做?他回答出那句话之前,抿了一下嘴,想了半天,'看着像有点不好意思说',后来还是回答了那句话。他说话的时候整个声音都颤抖着。他还说,自己后悔。"[1]在一审开庭后,央视也对药家鑫案进行了报道。一段是 CCTV 记者采访药家鑫并展示药家鑫忏悔的画面。另外一段是《新闻 1+1》节目《从撞人到杀人》中,专家推测药家鑫对张某连捅数刀与他学钢琴的习惯有关。媒体还原的药家鑫案的事实是:一个文弱的年轻人,原本中规中矩,但是由于教育的不当,导致内心长期受到压抑,终于在极端的情境下,作出了不理智的行为。

---

[1]　《从撞人到杀人:药家鑫的蜕变》,凤凰网 http://news.ifeng.com/opinion/gundong/detail_2010_12/06/3358142_0.shtml,最后访问日期 2011 年 4 月 5 日。

对于媒体勾勒的案件事实,民众显然有着不同的认识。焦点一:药家鑫是什么样的人?"很多人不愿相信今天会出现这样滴血的人性之恶。张妙倒地之时,只是左腿骨折、后脑磕伤。这样的伤情,绝对有时间进行抢救。但此时,药家鑫将人性中仅存的一丝同情、怜悯、关爱抛到九霄云外。"而药家鑫给出的"农村人难缠"的解释再一次坐实了民众对药家鑫冷血、暴戾的想象。网友"第一思考者"说:"药家鑫在驾车撞人后故意杀人,是'怕农村人难缠',目的是'杀人灭口'。在药家鑫们的眼中,某类人是等而下之的,不仅他们品质不好,'难缠',他们的生命也是在'敬畏'之外的。药家鑫不是不懂得自我生命的价值,而是不懂得社会正义,不认为应当平等地看待他人的权利和生命。"焦点二:药家鑫是"富二代"吗?网友在问:为什么一个大学生会开着车上学?为什么他父母的身份始终笼罩着一层迷雾?而从事件发生到现在,药家鑫的父母始终没有露过面,无法证实药家鑫就是"富二代""官二代",无从得知药家鑫的父母是否位高权重或者腰缠万贯。在一个"富二代""官二代"为人诟病的时代,药家鑫被贴上这样的标签,成为被批判的标靶。药家鑫案恰好发生于李启铭案之后四天,两人同是去见女友,同是大学生开私家车肇事,同是"家境殷实",药家鑫案很容易被公众联想为第二个"李刚门",一种与"李刚门"相似的愤怒情绪亦再次被激发。焦点三:药家鑫值得同情吗?案件审理现场,药家鑫痛哭流涕,突然跪地。这一镜头通过央视为全国人民所知。正因此,央视也成为这一新闻事件的配角。有网友发表微博:"李刚之子李启铭撞死女大学生后,央视为其父子提供平台,让他们通过央视痛哭流涕表示悔歉,但却没给受害者家属提供表达机会。近日,先驾车撞人再对被撞者连捅八刀致人死亡的药家鑫,再次成为央视的'屏上宾',我们依旧没有听到死者家属的声音。请问,去央视哭一次要花多少钱?"随后,一位专家做客央视《新闻1+1》栏目分析药家鑫案时提出了"孩子弹钢琴论"。对此,一名网友评论:"一位专家说，因为药家鑫长期弹钢琴，所以用刀往下插是习惯性的动作。我不知道，把刀从包里掏出来，又算什么习惯性动作？"焦点四：药家鑫案背后是否存在阴谋？元宵节时，药家鑫在看守所联欢会上表演节目，这段表演被人拍成视频传到了网络上。短短 2 天之内，这段时长 6 分钟的视频点击率超过了 24 万，评论次数也达到了 2982次。对于这段视频，微博网友"胡适日记"的一段言论可以代表大部分网友的想法："最近网上放出了药家鑫在狱中唱歌的视频，显然这又是为了博取公众同情的伎俩，但我也许太铁石心肠，看到那视频，更生厌恶，一个双手沾满鲜血的杀人恶魔，竟然还有闲心、有条件、有机会唱《传奇》？他唱歌时候有没有想到那被他扎死的可怜女子、她悲痛欲绝的家人和她还在吃奶的孩子？"网友"梁幕天"质疑："分别看了药家鑫写给检察官的悔过书和写给张妙家人的道歉信后，我有一个疑问：写得这么工整和理性，再结合庭审中的调查表以及药家鑫的同学、校友、邻居等多份求情书，这一切都是谁在策划？"[1]在民众的眼中，药家鑫案的真相是：一个冷血、暴戾的"军二代"，以极端冷静、残忍的方式杀死了一个有着幼子的农妇。案发后，其有着神秘背景的家人对受害者态度冷漠，该案件曝光后，又动用了包括当地司法系统、央视等在内的资源，策划了为药家鑫开脱罪责的行动。

　　除了形成巨大反差的媒体事实和舆论事实之外，法院也给出了自己所认定的事实。在药家鑫案的一审判决中，法院主要关注以下五个焦点：一是药家鑫是否构成故意伤人罪；二是药家鑫是否构成自首；三是药家鑫是否属于激情杀人；四是药家鑫是否系初犯、偶犯；五是药家鑫及其家属是否积极给予被害人家属赔偿。第一个焦点涉及定罪问题；第二至五个焦点则涉及量刑问题。围绕着这五个焦点，一

---

　　① 　参见《药家鑫案民意洪流：讨伐人性之恶还是检讨社会之失》，腾讯网 http://news.qq.com/a/20110422/000324_1.htm，最后访问日期 2011 年 4 月22 日。

审法院认定了如下法律事实。第一,被告人药家鑫在发生交通事故后,因担心被害人张妙看见其车牌号以后找其麻烦,遂产生杀人灭口之恶念,用随身携带的尖刀在被害人胸、腹、背等部位连刺数刀,将被害人杀死。第二,被告人药家鑫在公安机关未对其采取任何强制措施的情况下,于作案后第四日在父母的陪同下到公安机关投案,并如实供述了犯罪事实。第三,被害人张妙从被撞倒直至被杀害,没有任何不当言行,被告人药家鑫系发生交通事故后杀人灭口。第四,药家鑫在开车将被害人张妙撞伤后,不但不施救,反而因怕被害人看见其车牌号而杀人灭口,犯罪动机极其卑劣,主观恶性极深;被告人药家鑫仅因一般的交通事故就杀人灭口,丧失人性,人身危险性极大。第五,药家鑫及其父母虽愿意赔偿附带民事诉讼原告人的经济损失,但附带民事诉讼原告人不接受药家鑫父母以期获得对药家鑫从轻处罚的赔偿。[①]

二、法律适用

药家鑫案一审开庭后,民众中喊杀声一片。大多数网友站在了被告人的对立面,认为"不杀不足以平民愤","如果给他机会,那谁给无辜者机会"。这种直接诉诸"死刑立即执行"的情绪,体现在网友的评论中。网友"nasiss"说:"别再讨论药家鑫了行吗?欠债还钱,杀人偿命,这很难懂吗?"[②]药家鑫的辩护律师在提出"激情杀人说"和自首情节的辩护意见后,便遭到网友的围攻。在网易的留言板上,最受追捧的前5条留言中有3条直接指向律师,随之附送的都是

---

① 《西安市中级人民法院药家鑫案一审判决书》,山东英才学院 http://www.ycxy.com/cn/lw/2011/27768.html,最后访问日期 2011 年 4 月 22 日。

② 《药家鑫案死者亲友反对激情杀人说》,网易 http://news.qq.com/a/20110404/000042.htm,最后访问日期 2011 年 4 月 4 日。

"讼棍""没人性""禽兽不如"等字眼。① 在民众已经给药家鑫定罪的情况下,任何人为药家鑫所做的任何辩解在民众的眼里都已经成为一种开脱。

在这样一种舆论氛围下,2011 年 4 月 22 日,西安市中级人民法院对药家鑫案作出了一审判决:被告人药家鑫犯故意杀人罪,判处死刑,剥夺政治权利终身。在最有可能留住药家鑫一命因而也是案件争议焦点的自首问题上,法院给出的结论是:认定自首情节,但排除刑法第六十七条自首"可以从轻或者减轻处罚"的适用。理由是:被告人药家鑫作案后虽有自首情节并当庭认罪,但纵观本案,药家鑫在开车将被害人张妙撞伤后,不但不施救,反而因怕被害人看见其车牌号而杀人灭口,犯罪动机极其卑劣,主观恶性极深;被告人药家鑫持尖刀在被害人前胸、后背等部位连捅数刀,致被害人当场死亡,犯罪手段特别残忍,情节特别恶劣,罪行极其严重;被告人药家鑫仅因一般的交通事故就杀人灭口,丧失人性,人身危险性极大,依法仍应严惩,故药家鑫的辩护律师所提对药家鑫从轻处罚的辩护意见不予采纳。② 虽然自首情节属于酌定量刑情节,但是结合最高人民法院《关于贯彻宽严相济刑事政策的若干意见(法发〔2010〕9 号)》第十七条:"对于自首的被告人,除了罪行极其严重、主观恶性极深、人身危险性极大,或者恶意地利用自首规避法律制裁者以外,一般均应当依法从宽处罚。"法庭负有证明责任,需要证明药家鑫属于罪行极其严重、主观恶性极深、人身危险性极大,或者恶意地利用自首规避法律制裁者的情形。但是根据判决书的内容,法院显然对此并没有加以证明,而仅是重

---

① 《药家鑫辩护律师挨骂的背后》,凤凰网 http://news.ifeng.com/opinion/society/detail_2011_03/25/5360522_0.shtml,最后访问日期 2011 年 3 月 25 日。

② 《西安市中级人民法院药家鑫案一审判决书》,山东英才学院 http://www.ycxy.com/cn/lw/2011/27768.html,最后访问日期 2011 年 4 月 22 日。

复了《关于贯彻宽严相济刑事政策的若干意见(法发〔2010〕9 号)》第十七条中的用词。这一点显然使药家鑫案判决的正当性打了折扣。

西安市中级人民法院为何不对排除适用刑法第六十七条自首"可以从轻或者减轻处罚"的判决加以充分论证呢?是法院一时疏漏还是根本就无法证明呢?在药家鑫被执行死刑后,从为政者对案件的态度中或许能找出答案。时任陕西省委常委、政法委书记的宋洪武在提到药家鑫案时说,药家鑫案法院认定自首情节,最后判处死刑"是从法律、政治、社会三个效果考虑的,不是单从法律效果一个方面考虑,也不是迫于所谓的'舆论压力'。按照法院的认定,药家鑫杀人灭口,'犯罪手段极其残忍,情节极其恶劣,罪行极其严重',虽然有自首情节,但被害人家属不予谅解,社会反映强烈,如果不判处死刑可能会对社会的道德价值观念造成负面影响"[①]。在为政者的逻辑下,药家鑫案是否属于《关于贯彻宽严相济刑事政策的若干意见(法发〔2010〕9 号)》第十七条中不予从轻处罚的例外情形其实并不重要,重要的是最后要得出药家鑫死刑立即执行的结果。这种逻辑最终也体现在了法院的判决书中。

第三节　影响性诉讼案件中司法　场域间的正当性争夺

在影响性诉讼案件的司法场域中存在着话语权的争夺,但是在其背后实际上还存在着对正当性的争夺。因为话语权直接指向法律

---

① 《陕西省委政法委书记解析司法领域热点问题》,中国共产党新闻网 http://cpc.people.com.cn/GB/64093/64102/15063802.html,最后访问日期 2012 年 7 月 4 日。

决定权,而后者支配着案件双方当事人的权利义务归属,所以需要有充分的理由来支持。"要为权力提供一套理由,以指出它是对的。由于缺乏理据的权力没有人愿意接受,因此,正当性的问题才无法避免。"①这种正当性争夺的意义在于,虽然在司法场域中法院拥有最后的法律决定权,但是它仅仅是一种制度上的优势,当权力没有足够的理据支撑时,这种制度上的优势也会被消解,表现为司法判决受到质疑甚至被改变。

一、法律移植和法律本土化之争

黄静案是 2003 年初发生在湖南省湘潭市的一起案件。此案一波三折,历时 3 年 4 个月才最后宣判,由于受到网民的高度关注而被称为"中国网络第一大案"。案发后,为了探明黄静的死因,司法鉴定机构曾做过 5 次尸体检查,6 次死亡鉴定,但是每次的鉴定结果都不尽相同。最终,鉴定因黄静的器官标本被烧、主要证据不复存在而终止。在这种情况下,一审法院以证据不足为由宣判被告人姜俊武无罪,后湘潭市中级人民法院也作出维持原判的终审裁定。但是围绕着黄静案的争议并没有因法院的终审判决而终止。许多民众并不认同法院对被告人的无罪判决,甚至在纪念黄静的网页"天堂花园"上继续"为黄静讨公道"。在这个案件中,法院所适用的"无罪推定"的现代司法理念和民众固有的传统观念之间产生了激烈的碰撞。"无罪推定"原则是现代刑法"有利被告"思想的体现,是指既不能证明被告人有罪又不能证明被告人无罪的情况下,推定被告人无罪。当时所适用的《中华人民共和国刑事诉讼法》(1996 年修正)第一百六十二条第三项规定:"证据不足,不能认定被告人有罪的,应当作出证据

---

① 石元康:《天命与正当性——从韦伯的分类看儒家的政道》,载于《开放时代》1999 年第 6 期,第 11 页。

不足、指控的犯罪不能成立的无罪判决。"作为西方"舶来品"的"无罪推定"原则,尽管在我国已经有了实证法的依据,但是其民众基础依然十分薄弱。在中国的传统文化中存在的是"宁可错杀一千,绝不放过一个"的观念,在黄静案中这种观念显然比"无罪推定"原则更容易为民众所接受。现代司法理念虽然许诺给我们诸多美好的图景,但是如果不能缓解因移植西方司法理念而引发的法律供给和社会需求之间的紧张关系,那么这种理念本身以及因为适用理念而作出的司法判决的正当性仍然面临着被消解的危险。

这一点在我国引入废除死刑理念的过程中表现得尤为突出。如果说法院在适用"无罪推定"原则时的态度还足够坚定的话,那么在涉及废除死刑的问题时则表现得更为谨慎。在药家鑫案和李昌奎案中,都曾有过废除死刑的理念和"杀人偿命"的传统观念之间的正面交锋。废除死刑的理念在我国的一个体现是"少杀、慎杀"的刑事司法政策。"为什么最高法近年来一直提出'少杀''慎杀',就是要给予人性和人权。'我们不能再冷漠了,不能像曾经那样,草率判处死刑,杀人偿命的陈旧观点要改改了。'"①然而,事实证明,"杀人偿命"的观念在民众的心中仍然是根深蒂固的。在腾讯网题为"你认同'杀人偿命'吗"的民意调查中,有将近 8 万人表示认同,占被调查者人数的98%。② 在两起案件中,废除死刑的理念并没能挽救药家鑫和李昌奎的性命。在李昌奎案中,云南省高级人民法院对废除死刑理念的宣扬不但没能教化民众,反而激起了民众的愤怒。

---

① 《云南高院副院长:不能以公众狂欢方式判一个人死刑》,凤凰网 http://news.ifeng.com/society/1/detail_2011_07/13/7662237_0.shtml,最后访问日期 2012 年 3 月 5 日。

② 《杀人偿命过时了吗》,腾讯网 http://view.news.qq.com/zt2011/srcm/index.htm,最后访问日期 2012 年 4 月 6 日。

二、司法职业化和司法民主化之争

在影响性诉讼案件中,法院为了保证判决的正当性,普遍采取的策略是坚持职业化道路,保持和民众的距离,塑造客观、中立的形象。这主要体现在两个方面。第一,批评民众干预司法、影响司法独立。在李昌奎案中,面对舆论对二审改判死缓的质疑以及要求处死李昌奎的呼声,云南省高级人民法院副院长田成有在媒体上做了如下回应:"这个国家需要冷静,这个民族需要冷静,这是一个宣泄情绪的社会,但这样的情绪对于国家法律而言(不是适当的),应冷静。我们不会因为大家都喊杀,而轻易草率地剥夺一个人的生命。""改判或者不改判,都不是一个人说了算的,也不能因为大家愤怒,就随意杀一个人,法院会听取各方面的意见,包括民众、媒体、学界。但最终,审判还是要以国家的法律为基准。""社会需要更理智一些,绝不能以一种公众狂欢式的方法来判处一个人死刑,这是对法律的玷污。"[1]这段话背后的逻辑是把民意和民愤相等同,强化司法独立和舆论监督之间、程序正义和结果正义之间以及现代司法理念和中国传统文化之间的对立关系。第二,从不在法律文书中提及民众意见的影响。在李昌奎案二审改判死缓判决作出后,受害人家属也曾通过制度途径表达对判决结果的不满,先后向云南省检察院、云南省高级人民法院、云南省政法委,甚至最高人民法院、最高人民检察院、中央政法委提出过申请,但是都未得到回复。[2]直至案件在自媒体上曝光后,云南省高级人民法院才作出了回应。此后,一次次的舆论高潮推动着云南省高级人民法院作出了再审决定,直至最终作出改判李昌奎死刑立

---

① 《云南省高院:李昌奎案让我们骑虎难下》,腾讯网 http://news. qq. com/a/20110714/000172. htm,最后访问日期 2012 年 4 月 5 日。

② 参见受害者王家飞的哥哥的微博 http://t. qq. com/w365430529/,最后访问日期 2011 年 11 月 6 日。

即执行的判决。但是,在李昌奎案的再审判决书中,法院却丝毫未提在李昌奎案再审中具有重要作用的舆论风波,而只是用一句轻描淡写的"原二审判决对李昌奎改判死刑,缓期二年执行,剥夺政治权利终身,量刑不当"阐述了改判的理由。

云南省高级人民法院的司法职业化论调受到了来自民众、媒体的猛烈攻击。无论是推动再审程序重启的 7 波舆论高潮,还是"公众狂欢论是对公众的挑衅,对法律的亵渎""我们只要当下的公正,不要10 年后的正义"等充满义愤的言语,都把原本对中国司法职业化有着种种美好期待的法律人拉回"残酷"的现实。我们不得不正视这样一个事实:虽然从 1996 年第一次全国审判方式改革工作会议召开开始,司法职业化便一度成为中国司法改革的方向,但是时至今日,法律人和民众在司法职业化的一些最基本问题上也远未达成共识。在推进司法职业化的过程中,人们往往专注于对西方"普世价值"的导入和相应的制度设计,却往往忽视了民众对于这些"普世价值"的接受程度以及民众对于司法的真实需求。

三、规则之治和纠纷解决之争

2006 年 4 月 21 日,在广州做保安的许霆利用 ATM 机故障取款17.5 万元后潜逃,一年后落网。2007 年 12 月 20 日,广州市中级人民法院一审以"盗窃金融机构罪"判处许霆无期徒刑。一审法院认定的事实是:被告以非法占有为目的,伙同同案人采用秘密手段,盗窃金融机构,数额特别巨大。在定罪量刑上,根据《中华人民共和国刑法》(以下简称《刑法》)第二百六十四条"有下列情形之一的,处无期徒刑或者死刑,并处没收财产:(一)盗窃金融机构,数额特别巨大的",《最高人民法院关于审理盗窃案件具体应用法律若干问题的解释》(法释[1998]4 号)第三条"盗窃公私财物'数额较大''数额巨大''数额特别巨大'的标准如下:(一)个人盗窃公私财物价值人民币五百元至二千元以上的，为'数额较大'。（二）个人盗窃公私财物价值人民币五千元至二万元以上的，为'数额巨大'。（三）个人盗窃公私财物价值人民币三万元至十万元以上的，为'数额特别巨大'。各省、自治区、直辖市高级人民法院可根据本地区经济发展状况，并考虑社会治安状况，在前款规定的数额幅度内，分别确定本地区执行的'数额较大''数额巨大''数额特别巨大'的标准"，认定许霆盗窃金融机构，数额特别巨大，应适用无期徒刑或者死刑，并处没收财产的处罚。同时，考虑到许霆的主观恶性和社会危害性较小，一审法官在量刑上选择了最低的法定刑。可以说，从事实认定到定罪量刑，一审法院都是严格按照法律规则执行的。但是许霆案经媒体披露后，立刻引起了社会的广泛关注和质疑，不仅普通民众认为对许霆"无期徒刑"的量刑过重，许多学者、法律专家、律师也表达了不同的看法。2008 年 1 月 8 日，北京 8 名律师联名上书全国人大和最高法院，递交了一份《关于刑法及其法律适用若干问题亟待修改》的公民建议书，认为许霆案适用的法律依据量刑幅度太僵硬，出现了刑罚断档现象，造成了适用刑罚上的不衔接。2008 年 1 月，广东省高级人民法院以"事实不清、证据不足"为由将许霆案发回重审。2008 年 3 月，广州市中级人民法院认定许霆犯盗窃罪，判处有期徒刑 5 年。法院通过援引当时适用的《刑法》（2006 年修正）的第六十三条，似乎在规则框架内很好地回应了社会需求。但是却无法回答《刑法》第六十三条中仅规定"犯罪分子虽然不具有本法规定的减轻处罚情节，但是根据案件的特殊情况，经最高人民法院核准，也可以在法定刑以下判处刑罚"，而非

"应当"在法定刑以下判处刑罚的问题。① 为什么在一审判决中没有援引该条款,在重审判决中却加以引用?"为什么当教义分析得出的判决与直觉冲突时,必须或应当换另一个教义分析?法律教义分析本身并没有指示,逻辑上也推不出来。"②尽管在重审判决中,法院认定一审的定罪正确,并以法律为依据降格量刑,但是作出改判的根本原因实际上是对于强大的社会舆论和强烈的伦理直觉的妥协。显然这已超出了规则之治的框架,而属于一种政治考量的范畴。许霆案的重审判决使我们不得不面对这样一种现实:"重审判决采纳了关于盗窃罪和《刑法》六十三条的教义分析,并不等于重审判决是盗窃罪和《刑法》六十三条的教义分析导致的,这两个看似相似因此容易混淆的命题其实是很不相同的。重审判决得到了人们的普遍认可不等于人们接受了并认为与这一判决相伴的教义分析是最正确的分析。接受重审判决仅仅因为这个结果是可以接受的,因为接受了这一结果才默许了法律人援引《刑法》第六十三条的教义分析。"③

---

① 《刑法》第六十三条规定:"犯罪分子具有本法规定的减轻处罚情节的,应当在法定刑下判决判判罚。犯罪分子虽然不具有本法规定的法定减轻处罚情节,但是根据案件的特殊情况,经最高人民法院核准,也可以在法定刑以下判处刑罚。"但据报道,这一规定自 1997 年《刑法》颁布以来直到许霆案之前,还没有人使用过。参见谈佳隆:《许霆案因援引刑法第六十三条由无期改为 5 年,"类许霆案"怎么办》,载于《中国经济周刊》2008 年第 13 期,第 39—40 页。

② 苏力:《法条主义、民意与难办案件》,载于《中外法学》2009 年第 1 期,第 98 页。

③ 同上,第 99 页。

第三章　环境因素作用于司法运行系统的内在动因和外部条件

　　影响性诉讼案件以一种高度浓缩的方式向我们呈现了司法场域的真实样貌。这便是：虽然在司法场域中法院凭借着制度优势拥有最后的法律决定权，但是与此同时，进入司法场域中的环境因素从未停止对司法运行系统施加压力。只不过这种角力是在政治的意义上而非法律的意义上进行的。这种角力关系体现在两个方面。第一是对话语权的争夺。在司法裁判的过程中，各方主体通过塑造各种媒体事实、舆论事实来对抗法律事实，通过对案件罪与非罪的评价对抗法院的裁判权。第二是对正当性的争夺。为了证明自己对案件裁决的正当性，各方主体努力寻找用以支撑其观点的正当性资源。而在司法场域中各方主体角力的背后，其本质是利益的冲突。从这个角度讲，环境因素作用于影响性诉讼案件的过程也可以表述为在利益的驱动下围绕着法律决定权而展开的政治角力。同时，各种环境因素能够突破国家和制度层面的约束，在司法场域中对影响性诉讼案件产生影响，也需要借助一定的外部条件。接下来，本章将进一步探究环境因素作用于影响性诉讼案件的内在动因和外部条件，前者主要是回答环境因素为什么要作用于影响性诉讼案件的问题，后者主要是回答环境因素为什么能作用于影响性诉讼案件的问题。

第一节 环境因素作用于司法运行系统的内在动因

一、民众的利益诉求

(一)言论自由

言论自由又称表达自由,是公民的基本自由之一,指公民在法律规定或认可的情况下,使用各种媒介或方式表明、显示或公开传递思想、意见、观点、主张、情感或信息、知识等内容而不受他人干涉、约束或惩罚的自主性状态。《中华人民共和国宪法》第三十五条规定:"中华人民共和国公民有言论、出版、集会、结社、游行、示威的自由。"在西方的法学理论和宪法学中,言论自由被看作公民"最基本的权利"或"第一性的权利",是其他权利和自由的源泉,又是其他自由的条件。言论自由是少数派通过对话来说服多数派相信其观点正确的希望所在。人是有理性的生物,言论自由是人类理性的核心成分,一个人只有能够正确表达自己内心的意志才能够行使其他权利,从而享有真正的自由。

互联网无疑为民众言论自由的实现提供了条件。在互联网普及之前,虽然也有个别轰动全国的案件,例如 2000 年的四川泸州"二奶继承案",但是参与讨论的公众范围明显受到地域的限制并且尚未形成一种可以识别的全国性意见,从而影响力也十分有限。进入 2003年,网络在汇集公众意见方面起到了巨大的作用,民众也从早期的无声沉默变成了现在的"众声喧哗"。自媒体通过去中心化的事实核查能力以及集中分类机制革新了新闻的传播模式。借助自媒体这个平台,民众拥有了决定一则消息是石沉大海还是成为舆论焦点的权力。在影响性诉讼案件中,民众便充分利用了这种权力。从最初一个案件是否受到关注,到后来对案件事实的加工、形塑,在整个过程中民众都起到了至关重要的作用。与此同时,民众也从中获得了一种权力体验和表达的自由。

(二)利益表达

我国正处于转型期,社会结构发生着剧烈的变化,由此产生的一个结果便是多元利益主体的产生。而利益表达,特别是弱势群体的利益表达也成为无法回避的问题。一方面,由于社会分层的加剧,不同利益群体的隔阂不断加深,群体成员越来越倾向于内部交流,不同阶层的利益群体之间交流的可能性越来越小;另一方面,不同群体,特别是强势群体和弱势群体之间,争取自身利益的能力差距越来越大。"在强势群体一方,强势群体不仅已经形成了一种比较稳定的结盟关系,而且具有了相当大的社会能量,对整个社会生活开始产生重要的影响……而弱势群体在追逐自己的利益上,显然处于无力的状态。这首先表现在,弱势群体在我们的政治构架中缺少利益代表。更重要的是,在我国,弱势群体实际上缺少国际上通行的弱势群体表达自己利益的制度化方式。"[①]这两个方面也反映在影响性诉讼案件当中。

在美国法学家欧文·M.费斯(Owen M. Fiss)看来,诉讼的传统理论的基础是以个人主义为导向的,案件审理只涉及当事人双方;而结构性诉讼则以群体为导向,不只关心当事人双方,也关心其他受到

---

① 孙立平:《博弈——断裂社会的利益冲突与和谐》,社会科学文献出版社2006年版,第7—8页。

案件影响的人的福利,诉讼中的原被告不过是该群体的"代言人"。前者只关心案件本身得到解决,公正在当事人之间得到实现;后者关注的焦点不是个体或是被孤立观察的事件,而是威胁到宪政价值的社会条件以及构成和支撑这些条件的组织化动力。[①] 这一理论在某种程度上解释了民众为何会关注某类案件,换言之,为什么某些案件会成为影响性诉讼案件。以药家鑫案为例,案件的判决结果原本和作为局外人的民众并不相关,唯一可能涉及民众利害关系的是药家鑫案引发了民众对人身安全的担忧,人们都不想成为第二个张妙——在被撞的同时又面临被杀的危险。但这份焦虑显然不足以使民众对药家鑫痛恨到"必诛之"的程度。回顾整个案件,"富二代""军二代"标签,"农村人难缠"的言论,央视有失均衡的报道以及对药家鑫背景的猜测,这些才是真正吸引民众关注并触犯众怒的焦点所在,而在这些焦点背后,实际上隐含着贫富分化、官民对抗、社会信任危机等社会结构性矛盾。这些结构性矛盾在深层次上触动了民众的利益,影响性诉讼案件不过是民众找到的一个表达不满、捍卫自身利益的出口。正如桑德尔所说:"愤慨不止是一种欠考虑的怒气,它表明了一种值得我们认真考虑的道德论证。愤慨是当你认为人们得到他们不应该得到的东西时,而感到的一种特殊愤怒。这种愤怒是对不公正的愤怒。"[②]

(三)实现对法律的预期

法院在民众心中应该拥有权威的地位,如果民众将法院与司法腐败、司法不公联系在一起,那么就难以实现民众对法律的预期。这

---

① 参见[美]费斯:《如法所能》,师帅译,中国政法大学出版社 2008 年版,第 20—25 页。

② [美]迈克尔·桑德尔:《公正——该如何做是好?》,朱慧玲译,中信出版社 2011 年版,第 7 页。

些法院的"原罪",成为民众关注影响性诉讼案件、介入司法的一个原因。但是,还有一个更深层次的原因是民众对法律不确定性的焦虑。卢曼分析认为:"制裁最重要的作用在于其有意义的、符号的方面,它首先是对预期的保存和维持,而不仅仅是预期实现的手段。因为即使是远古社会中的血亲复仇,其主要目的也并非在于对有罪一方的惩罚,而在于对受伤害的预期的坚定维护之表示。也就是说,压制或制裁是必要的,但是它们本身并不是目的,甚至也不是法律的主要实现方式,它们仅仅是对失望的一种反馈,而这种反馈的根本目的仍然在于使预期得到稳定。"①因此,和违法犯罪行为比起来,法律的不确定性才是对法治的最大威胁。司法运行系统要实现确定性的承诺,需要达到规范性预期和认知性预期的平衡,即不仅体现在法律条文的明确性上,而且体现在民众对于法院会依法裁判的预期之上。而在中国,司法程序不完善,无法实现稳定规范性期望的承诺,司法系统对社会的自我隔绝更无法实现稳定认知性期望的目的,这两个方面的影响交织在一起,成为民众对法律的不确定性产生焦虑的根源,也成为民众介入司法的动力。

二、媒体的利益诉求

(一)迎合民意

媒体可以借公众之名进行新闻调查和报道。民意是一杆秤,衡量着媒体的善恶优劣。这也决定了媒体天生有迎合民意的趋向。我国的传媒机构无论是国家设立的还是民间创办的,也都受到各种力量的约束与管制,对于严重影响社会稳定的话题和命题,媒体也在小

---

① 杜健荣:《法律与预期——论卢曼对法律之社会属性的重构》,载于《云南大学学报》2011年第3期,第109页。

心规避,但媒体为了自身利益并不会放弃对有话题性的案件的关注。在邓玉娇案、杨佳袭警案、王斌余杀人案中,民众普遍表现出了对于弱者的同情,媒体也不遗余力地渲染着案件当事人的弱势地位和悲情角色,进而塑造了一个个烈女和梁山好汉的形象。有人曾这样评论媒体对王斌余案的报道:"媒体的后续采访,为杀手勾勒出一幅地狱式的生活图景:艰苦而危险的劳作、老父受伤却无钱医治,本人生病更是没有医药保障,贫病交加,饱受打骂与歧视,最终因被克扣工资而申诉无效,只能铤而走险,踏上以暴制暴的凶险道路。王斌余说:'我是被他们逼得没法活了!'这一激越沉痛的台词,重现了梁山好汉造反的历史场景。"①在群情激奋之下,媒体的"平衡报道"被认为是愚蠢的。针对邓玉娇案,《南方都市报》的记者龙志写了一篇题目为《女服务员与招商办官员的致命邂逅》的报道,有律师和学者很不客气地批评了他,网民谴责他的声音更是铺天盖地,有人干脆写信到报社,要求开除记者龙志。②

(二)引导舆论

在西方,媒体引导舆论是一个特别受学界关注的现象,由此也产生了许多相关的理论。以议程设置理论为例,它始自一个简单的假设,描述大众媒介如何影响公众对社会和政治议题的关注。由此,这个理论逐渐拓展,并融入许多新的命题,如:关于产生这些效果的偶发条件、塑造媒介议程的力量、媒介信息中具体因素的影响以及这个议程设置过程的各种结果。当媒体为了提高关注度"制造舆论"时,民意也可能被媒体所裹挟。"'沉默的螺旋'现象最大量地出现于公

---

① 《民意能否撕开正义女神的蒙眼布》,新浪博客 http://blog.sina.com.cn/s/blog_47147e9e010000f5.html,最后访问日期 2012 年 3 月 6 日。

② 参见《活在案件里外的人——回访邓玉娇案》,南方人物周刊 http://www.nfpeople.com/story_view.php? id=5629,最后访问日期 2014 年 7 月 27 日。

众接受大众媒介的意见之时，这种认知带来一种心理上的压力或对安全感的需求，使得多数公众在公开表达意见时采用媒介上不断重复的词汇和观念，并产生判断和行为上的连锁反应。于是，大众媒介在引导舆论的过程中获得了一种控制舆论的社会机制。"[①]在影响性诉讼案件中，药家鑫案是一个典型媒体引导舆论的案例。在药家鑫被执行死刑之后，随着药家鑫"军二代"身份被拆穿以及"'药'钱风波"[②]的上演，原本一边倒的社会舆论开始有所反思。

三、为政者的利益诉求

美国法学家米尔伊安·R. 达玛什卡（Mirjan R. Damaska）曾区分两种国家类型：回应型国家和能动型国家。在回应型国家中，政府的任务限定在为其追求自我选定目标的公民提供一个支持性的框架。它所采取的手段必须能够释放出社会自我管理的自生自发力量。国家不去构想与社会和个人（私人）利益相分离的自我利益：不存在内生的国家问题，只有社会问题和个人问题。与之相应，司法的功能定位是将维护秩序的活动简化并归入纠纷解决的活动当中。而能动型国家则信奉或致力于实践一种涉及美好生活图景的全面理论，并且以其作为基础来设计一个在理念上面面俱到的改善其公民之物质和道德境况的计划。社会生活的全部领域，即使是那些发生在幽暗私隐之处的事务，都有可能接受以国家政策为标准的评价，并按照国家政策的要求被加以塑造。司法也被作为实现其政策之工具。[③]

①　陈力丹：《媒介对舆论的社会控制机制——沉默的螺旋》，载于《国际新闻界》1998 年第 1 期，第 46—47 页。

②　《"药"钱风波中的舆论投机》，凤凰网 http://news. ifeng. com/opinion/society/detail_2012_02/15/12523902_0. shtml，最后访问日期 2012 年 2 月 15 日。

③　［美］米尔伊安·R. 达玛什卡：《司法和国家权力的多种面孔》，郑戈译，中国政法大学出版社 2015 年版，第 94—114 页。

以科层式结构组织起来的官僚系统在中国有着根深蒂固的传统,在此基础上形成了历史悠久的管理型政府。在司法实践当中,为政者将司法作为实现政治目标的一种工具,司法重要的功能就在于落实党和国家的大政方针。换言之,法律必须服从政治的要求,政治也要借助于法律的技术。一方面,从合法性渊源来看,法院行使司法权之合法性是从以党为核心的国家体制中派生的。党作为目前国家权力体制的终极原点,必须为其权力触角之正当性背书,由此也决定了党于国家体制中权力中枢的功能担当,它也必须确保自己的权力意志能畅通无阻地贯彻至国家权力机器的"神经末梢"。对于为政者来说,公共性影响事件即使增加了自身的负担,也必须抚平事件所带来的负面影响,恢复平和的社会秩序,防止更大规模的民怨所引发的社会动荡。这里需要说明的是,虽然能动型国家也关注人民群众,但是其所指的人民群众更多的是作为一种政治符号意义上的"人民",而不是市民社会中参与公共决策的"公民"。在涉及人民群众时,能动型国家在司法领域的侧重点是如何保护人民的利益,而不是如何让社会群体参与到司法程序中来,进而塑造法官角色和完善司法机制。

另一方面,为政者在特定案件中实施政策目标的自由也要受到约束。"这是因为:只顾实现国家目标而不设定相对稳定之标准的做法必定会造成难以应对的复杂局面,使不确定性达到危险的程度,并且为任意妄为留下了空间。虽然能动型国家的宏大理论往往会提供某种指南,但它的要求往往很难被转化为明确的、一以贯之的实践行动。因此,即使其统治机器似乎不打算通过强调秩序和一致性来实现宏伟的蓝图,能动型国家也不得不尊重一定程度的法律确定性,法律的工具主义特征因此在一定程度上被弱化。"①因此,为政者在决定是否介入影响性诉讼案件中时,会在根本性政策目标和法律标准之间进行权衡。

第二节 环境因素作用于司法运行系统的外部条件

任何社会中的司法权既具有国家性也具有社会性,既具有制度性也具有文化性。相对而言,社会性和文化性无疑是司法权运行机制乃至整个法律机制运行的根本属性。而中国社会的转型变革以及司法的思维方式及其文化特征,恰恰为环境因素作用于影响性诉讼案件提供了条件和可能性。

一、司法的社会属性

美国学者托夫勒在《第三次浪潮》中指出,农业文明是人类经历的第一次文明浪潮,工业文明是人类经历的第二次文明浪潮,而当时就已经初露端倪的以信息技术和生物技术为代表的新技术革命,则是人类正在经历的第三次文明浪潮。与这三次浪潮相对应,社会形态也可以区分为传统社会、现代社会和后现代社会。② "传统"(即"前现代")"现代""后现代"是一种时间性的区分,是指在时间维度上前后相继的三个不同时代。中国在 19 世纪以前是一个典型的传统社会。19 世纪西方列强的侵入,不仅打开了中国的大门,而且打破了

---

① [美]米尔伊安·R.达玛什卡:《司法和国家权力的多种面孔》,郑戈译,中国政法大学出版社 2015 年版,第 107 页。

② 孙立平:《断裂——20 世纪 90 年代以来的中国》,社会科学文献出版社 2003 年版,第 6 页。

中国社会自然演化的过程,中国被纳入了全球化发展的轨道。而随着社会的急剧转型变革,"传统""现代"和"后现代"的时间性也被打破,当下中国社会出现了三重社会形态并存的局面。

社会学者孙立平将这种三重社会形态并存的局面称为"断裂的社会"。"什么是一个断裂的社会? 就是在一个社会中,几个时代的成分同时并存,互相之间缺乏有机联系的社会发展阶段。"①为了进一步说明断裂社会的特征,孙立平还将断裂的社会和多元的社会进行了区分:"在多元社会中,尽管社会结构分化深刻、各种社会力量并存、不同的价值观甚至互相对立,但这些不同的部分基本是处于同一个时代的发展水平,社会的各个部分能够形成一个整体的社会。但在断裂的社会中,情况却截然不同。其不同的部分几乎是处于完全不同时代的发展水平,他们之间也无法形成一个整体的社会。也就是说,整个社会是分裂的(不是在政治的意义上,而是在社会的意义上)。"②

在特定的社会发展阶段中,通常有一个时代的主题。以西方文学的发展脉络为例:"在科学技术很不发达,物质生活很匮乏的时代,人们同样有着种种美好的生活愿望,但却缺少实现这些愿望的物质条件。在这样的情况下,人们更多的是将这些愿望诉诸想象,于是就有了文学上的浪漫主义,最典型的文学形式就是诗歌。后来,随着科学技术的进步,生产力水平的提高,生产出来的物质产品大量增加,人们的物质生活也随之改善。在这个时候,人们看到了通过自身的努力改变物质生活条件的可能性,浪漫主义也就失去了最广大的基础。在这同时,人们也看到,尽管创造出来的财富是以前任何时代无法比拟的,但财富在社会成员中的分配,却是极不平等的。在一个物

---

① 孙立平:《断裂——20 世纪 90 年代以来的中国》,社会科学文献出版社 2003 年版,第 14 页。
② 同上,第 11 页。

质空前繁荣的社会中,富人占有了大量的财富,而许多穷人却'一无所有'。正是在这个背景下,有了巴尔扎克,有了《悲惨世界》,有了批判现实主义。再到后来,由于物质财富的进一步丰富,即使是社会中的贫困者,也大体上可以衣食无忧了,但另外的一种需求出现了,这就是在物质社会条件对于绝大部分人来说已经不成问题的时候,精神的需求,人生的意义和价值,却成为一个越来越突出的问题。这样,就又有了后现代艺术的产生,有了黑色幽默,有了《等待戈多》。"①然而,在我们当今的社会当中,浪漫主义、现实主义到后现代文化形态都混杂在一起。而文化的这种特点也仅仅是社会的一个缩影。在断裂的社会中,不同时代的东西可能共存在一起,由此导致的结果是,本应属于不同时代的诉求也可能同时出现并争取自我表达的权利。"我们既有封建主义和半封建半殖民地的历史包袱,也有长期计划经济及与此相适应的僵化的行政与社会管理体制的弊端,又有改革开放新时期和社会转型新阶段所无法避免的现代化过程中衍生的后现代社会的大量社会和生态问题及其法律问题,前现代、现代、后现代三个甚至多个时代的问题交织在一起,从传统社会向现代社会转型之中不可避免地遭遇到后现代社会思潮与社风的袭击。"②因此,与渐进式的社会演化方式不同,当下中国社会面临的一个巨大考验是:许多历时性的问题需要共时性的解决。在我们的经济发展还没有达到中等发达国家水平时,却已经开始面临环境污染、社会不公等发达国家阶段才可能遇到的问题;在我们的工业还没有实现现代化程度时,却已经开始面临经济结构转型、大力发展信息产业等后工业时代需要解决的问题。

---

① 孙立平:《断裂——20世纪90年代以来的中国》,社会科学文献出版社2003年版,第11—12页。
② 张文显:《现代性与后现代性之间的中国司法——诉讼社会的中国法院》,载于《现代法学》2014年第1期,第8页。

　　转型变革中的中国所遭遇的特殊难题也体现在司法当中。中国的司法一方面在现代化(韦伯意义上的形式主义法治)的道路上艰难前行,另一方面又不得不面对传统文化认同和现代合法性危机的双重挑战。在传统文化的认同方面,如果把法律理解为一种社会的生活规则,那么不同的社会形态就应该对应着不同的生活方式和规则需求。因此,法律移植不仅仅是一个法律问题,还是一个社会经济生活的问题,即把中国从一个传统的农业社会改造为现代的工商业社会的问题。"只要传统农业生活方式存在一天,那么反对法律移植就具有理论上的正当性。比如,对于广阔的以牧业为主要的生活方式的青藏高原,'这里没有不动产',移植德国民法典上的物权概念和规则对于这里的生活没有任何意义。正是因为中国政治经济发展的不平衡,中国在现代化进程中依然存在大量的农村地区和农业生活方式,法律移植的结果只能形成法律多元的局面,法律移植过程必须吸纳本土资源。"[①]"本土资源并非只存在于历史中,当代人的社会实践中已经形成或正在萌芽发展的各种非正式的制度是更重要的本土资源。传统也并不是形成文字的历史文献,甚至也不是当代学者的重新阐述,而是活生生地流动着的、在亿万中国人的生活中实际影响他们的行为的一些观念;或者从行为主义的角度来说,是他们的行为中体现出来的模式。这种东西,无论中国当代正式法律制度在其他方面如何西方化了,都仍然在对中国社会起很大作用。"[②]因此,这种意义上的"本土资源"并不仅限于历史传统中,同时还存在于现实社会生活中,相对于过去时的凝固的历史,它更是一种现在时的动态的生活。

---

　　① 强世功:《法律移植的终结——对当代中国法理学的反思》,《北京论坛(2004)文明的和谐与共同繁荣:"法治文明的承继与融合"法律分论坛论文或提要集》,2004年,第28页。

　　② 苏力:《法治及其本土资源》,中国政法大学出版社2001年版,第14页。

　　另一方面,司法形式主义是现代司法文化与制度的内在要求,构成了现代法治和司法系统的运作基础。然而,进入现代以来,恰恰在这个问题上,现代西方法治与司法制度遇到了合法性危机。其一,在风险社会到来之后,人们对于生活世界是否会越来越好,每天可能会面临怎样的新状况都不再那么确定。因此,在今天要求以毋庸置疑的价值基础来进行合法性确认已经变得几乎不可能了。即使理性主义者也不得不在现实的当下保证未来,即通过特定的诉讼程序来实现有可能会在某个时刻达成对结果的一致意见。但是,这也仅仅是一种暂时性的观点,因为它本身还要经受一系列问题的考验,包括:诉讼程序是否得到了很好的贯彻、这些程序能否满足人们寄予的期望等。其二,法律体系的完善和社会进步之间也不再保持高度的一致性。按照边沁的理论,社会成员都是理性人,在每个人都争取到自己的最大利益时,社会的总体利益也就达到了最大。由于法律是保护个人权利的,因而法律对社会也有着积极的作用。但是在现代社会中,法律所保护的利益却不断和社会的公共利益发生冲突。在一个劳动力过剩、劳动者缺乏讨价还价能力的市场里,劳动者和雇主签订的雇佣合同只是一种表面上的自由交易,实际上根本无法保护劳动者自由选择的权利。"与此相联系,在新的全球化浪潮的激荡下,西方国家的司法改革运动广泛兴起。这一改革的基本特点是:简化司法诉讼程序,使国民更加容易接近司法,便利公众寻求司法救济;降低诉讼成本,提高诉讼效率;对当事人主义进行适当的限制,保证法院公正地解决纠纷;发展调解制度,探索诸如替代诉讼的纠纷解决方式的多元化解纷机制;等等。"[①]

　　正是由于我国的司法处于传统—现代—后现代三种状态并存的

---

　　① 公丕祥:《全球化背景下的中国司法改革》,载于《法律科学》2004年第1期,第9—10页。

社会形态下,因此在传统与现代、治理与法治、事实与规则之间存在的不仅是对峙和紧张,还有更为复杂的关系。虽然我们经过司法现代化改革,在司法品格的认定上,"司法公正""司法公平"这些词语已经取代"阶级斗争""无产阶级专政",但是理性的司法文化和一以贯之的司法观念还远未形成。"司法公正""司法公平"的背后实际上承载着人们不同的诉求,而且每一种诉求都拥有被审慎对待的理由。"司法改革无法脱嵌于社会体制之外,而必须与其保持一种共生关系。尤其在中国赶超型现代化推进的过程中,司法体制改革是政治体制改革的重要面向,也是实现国家治理现代化的重要方式。"①正是基于此,在中国的司法场域中,作为国家化和制度化安排的司法形式主义时时面临着被社会化消解的可能性,从而为环境因素的进入提供了充分的余地。

二、司法的文化属性

文化的基因,不论我们喜不喜欢,它就在那里,不增不减。文化通过一代代的传承,会在不经意间融入我们的思想,进而影响我们的语言和行为。情理法交融、真实主义、情境思维,作为中国司法的文化属性,不仅仅存在于"历史"的文本中,同时也在当下深刻地影响着我们对司法的想象和对待司法的态度。

(一)情理法交融

清末科学家沈家本曾一语道破中国两千多年传统法律文化的精髓:无论新学、旧学,"大要总不外'情理'二字""不能舍情理而别为法也"。② 我国法律史学家霍存福将情理法视为中国传统法文化的文化

---

① 郑涛:《中国司法改革七十年的逻辑与进路》,载于《哈尔滨工业大学学报》(社会科学版)2020年第2期,第31页。

② [清]沈家本:《历代刑法考》,中华书局1985版,第2240页。

性状。在中国传统的观念中，"合情合理"蕴含着社会的正义观和价值评判标准。"合情合理"在司法实践中不仅是官吏断案中重要的考量因素，也成为社会评价裁判结果是否公正的重要依据。"'情'发于心，具有情感的含义，同时还具有案情、情节、情况等客观实际的含义。而'理'由于宋明理学的原因，不仅指事物的规定性，同时还具有道德的规范性的含义……'情'在判词中的意义是多元的，可以分为人际关系（人伦）、公序良俗、事实情节和人之常情等四个方面的含义。而'理'更多的是对于保证判决的合理性而言的。"[①]将情理融入司法裁判中对于形塑中国古代司法的品格具有特别重要的意义。首先，它弱化了法家法治观下的法律工具主义色彩。由于强调法律的可理解性和可接受性，所以法律不再仅仅是统治者手中治民的工具，而且也成为凝聚社会共识、达成社会和谐的有效沟通方式。其次，它弱化了法律条文的僵硬性和教条性。在法律适用过程中，情理起到了类似现代法中法律原则和原理的作用，诸如：主观过错、正当防卫等都以这样一种中国式的特殊方式被吸收进法律当中，法律的普遍性和有效性大为增强。最后，它突出了法律的名教色彩。由于情理当中包含了伦常的因素，所以当这一方面被过分强调时，会导致一种泛道德化的倾向，而融入了情理的法律也不可避免地会带有伦常的压迫性。

"现代中国人并没有完全脱出传统的范围。法的情理基础，仍被视为是衡量法律的标尺之一；作为联系罪罚的通道之一，它在相当程度上被认为是理解法律的基础。"[②]在司法领域中，一种强调裁判结果情、理、法兼备，并将情理因素作为现实司法策略加以广泛运用的情

---

① 崔明石：《话语与叙事：文化视域下的情理法》，吉林大学 2011 年博士学位论文，论文摘要第 1—2 页。

② 霍存福：《中国传统法文化的文化性状与文化追寻——情理法的发生、发展及其命运》，载于《法制与社会发展》2001 年第 3 期，第 16 页。

理型司法在很多情况下都有应用。第一,由于法院承担了越来越多的社会纠纷解决任务,因而很多时候已经由社会正义的最后一道防线转变为第一道防线。许多过去本应由单位、基层组织化解的纠纷都涌入了司法领域。而这些纠纷往往是涉及具有浓厚伦理道德色彩的家庭邻里问题,或者是由深层体制和结构性矛盾所引发的诸如征地拆迁之类的问题。在这些纠纷和矛盾背后,隐含着强烈的道德、习俗和社会公平观念的诉求。因而,这些问题无法仅仅通过严格适用法律得以解决。在这种情况下,情理型司法的优势便显现出来。在涉及婚姻家庭领域的司法当中,日常道德性的话语可以提高司法判决的可接受性。而针对反映着突出社会矛盾的征地拆迁等问题,在司法过程中情、理的引入,可以尽量避免实质正义和形式正义之间的疏离。通过对情、理、法的充分考量,司法裁判的结果可以最大限度地回应民众的诉求,进而实现法律效果和社会效果的统一。第二,由于社会正处于剧烈的转型和变革期,因而很多利益诉求并未转化为权利,也很难获得法律上的认可和保护。此时,法院单纯运用司法技术已经难以承担起确认、保护、救济的司法职能。面对因为无法有效回应民众诉求所导致的不满和失望,法官必须在法律条文之外寻找新的司法资源,而"情-理-法"型的多元司法模式正迎合了这一需求。第三,对于民众而言,司法职业化改革没有带来真正意义上的司法独立,法官的中立地位并没有得到确立;同时,由于司法的能力建设并没有随着司法权力的扩大而增强,而保护部分利益群体的司法官僚化的色彩却不断增强。这些都加重了民众对司法的不信任。而情理型司法在实体上强调司法的社会性和文化性,从而更能迎合人们对社会正义的预期和感受;在程序上则通过增强司法的社会参与性和透明度,在一定程度上弥合了民众和司法之间的裂缝。而情理在司法实践中的引入,则导致了两个后果:一是法的僵化性和不周延性可以通过情理加以变通;二是生活场景中具有常识意义的知识和道德话语得以进入司法场域之中。

（二）真实主义和情境化思维

从历史上看，发现案件的事实真相一直是中国古代官吏实现司法正义的重要手段和终极追求。无论是"神探"狄仁杰，还是"包青天"，这些民间对官吏的褒赞称谓也可以从侧面印证这一点。与现代司法重程序和居中裁判不同，中国古代司法更加重视实体和对事实真相的发现。与之相应地，古代在司法资源配置和程序构造上都充分体现了对事实发现的保障。第一，通过将侦查、起诉、裁判、执行等诸项权力集中于一身，在诉讼程序中官吏在信息搜集和取证方面占据了绝对的优势；第二，官吏为了调查取证还被允许深入民间探访和使用刑讯，从而获得了程序所允许的范围内最大限度的自由。

中国现行的刑事司法制度在很多方面继承了这种通过发现真相来进行司法裁判的传统，并且在辩证唯物主义认识论的基础上，有了进一步的发展。辩证唯物主义认识论包含着三个理论要素：一为可知论，二为实践论，三为纠错论。按照可知论的假定，案件事实都是可以认识的，只要办案人员发挥主观能动性，认真地进行调查研究，就可以将案件事实全面地揭示出来。根据实践论的要求，实践是检验真理的唯一标准。无论是侦查人员、公诉人员还是审判人员，都要尊重事实真相，都要调查核实证据。为了防止可能出现的认识错误，使案件的裁判结论"经得起历史的考验"，中国刑事诉讼制度特别强调"不枉不纵""有错必纠"，对于那些在认定事实上确有错误的案件，一经发现，就要通过上诉程序或者再审程序加以纠正。[①] 而这种真实探知主义的理念为舆论进入司法场域提供了条件。第一，在真实探

---

① 参见陈瑞华：《问题与主义之间——刑事诉讼基本问题研究》，中国人民大学出版社 2003 年版，第 295 页。

知主义之下，事实对于案件的结果往往更具有决定性意义。虽然在制度设计上，关于案件的全面而翔实的事实材料只有审判者才能掌握，法院因此占有信息优势。而随着互联网时代的到来，通过网络"人肉搜索"等方式，这种信息优势甚至也扩展到了法院和当事人以外的人。第二，真实主义意味着在中国实际上不存在真正的最终判决。因为任何裁判只要"确有错误"，都可以启动再审程序，即使已经生效的判决也不例外。从而使当事人有机会反复提出不服申诉，进而打开已经封闭的司法大门。第三，以事实为中心的审判很容易导致检察官的视点与陪审员的视点的短路连接，排斥律师的视点和法官的视点，即律师和法官从各自的角度所应该进行的法律推理，而把司法正义的基础仅仅归结于普通人根据事实材料所作出的常识性判断，导致审判主体的媒介化和非职业化，进而接受法庭之外的议论或者带有倾向性的舆论的影响。①

对我国司法构成影响的还有另一个传统，即情境化思维。这种思维形成于差序格局的社会中。在各种关系的网络中，没有指导行动的普遍规则，一切认知和行动都需要在具体的背景和细节中加以把握。具体问题具体分析、强调变通性是情境化思维的特征。这样一种思维与古代中国人的哲学观也是相契合的。不同于西方人基于基督教传统所信奉的超验哲学观，古代中国人更多地秉持着一种现世哲学观，即只关注于当下的生活体验和利弊得失，一个典型的例子是在宗教信仰的问题上，信不信往往取决于灵不灵。由于在精神层面上不存在一种绝对的价值指引，因而在行为上只能依赖于经验判断和功利性考量。当这样一种思维方式作用于司法活动中时，包括个人权利在内的一切价值都变得相对化了，与此同时，也把法律条文

---

① 参见季卫东：《中国司法的思维方式及其文化特征》，葛洪义主编：《法律方法与法律思维》（第3辑），中国政法大学出版社2005年版，第72—73页。

在具体情境中的应用相对化了。"当遇到实际的纠纷时,国家制度化的调解纠纷的途径还是要首先被诉求的,但诉求的方式则是要以习俗的方式来理解新出现的问题。他们会把习俗观念中的互惠原则引入到实际的国家法律的运作中,从而使国家的法律所含有的程序上的公正性的效率大受损害,因此乡村的人感受到'法律像个活动锁,能上能下,变来变去'"①。

---

① 赵旭东:《互惠、公正与法制现代性——一个华北村落的纠纷解决》,载于《北大法律评论》1999 年第 1 期,第 136 页。

第四章 环境因素作用于司法运行系统的内在逻辑

环境因素之所以会作用于影响性诉讼案件,其中既有政治角力背后的利益诉求,也有深层次的社会和文化背景。如果说影响性诉讼案件各方主体的利益诉求决定了其在司法场域中的立场和行动方向,那么主体之间的利益冲突以及"资本"的权重对比则决定了其在司法场域中的行动内容和后果。前者构成了环境因素作用于影响性诉讼案件的动因,而后者则构成了环境因素作用于影响性诉讼案件的内在逻辑。在影响性诉讼案件中,环境因素的作用体现在两个阶段:一是常规案件转变为影响性诉讼案件的过程;二是在司法场域中对法律决定权的争夺过程。而环境因素作用于影响性诉讼案件的内在逻辑也是在这两个阶段中渐次展开的。

第一节 司法场域的"资本"形态及其运作

一、司法场域的"资本"形态

法国社会学家布迪厄认为,场域并非静止不动的空间,因为场域中存在着积极活动的各种力量,它们之间的不断"博弈"不仅使场域充满活力,而且使一个场域类似于一种"游戏"。布迪厄认为:"作为包含各种隐而未发的力量和正在活动的力量的空间,场域同时也是一个争夺的空间,这些争夺旨在继续或变更场域中这些力量的构型。"[①]那么,是什么使行动者展开博弈,使场域充满斗争、充满力量呢? 是资本,即"在场域中活跃的力量是那些用来定义各种'资本'的东西"[②]。"资本是积累的劳动……资本是一种铭写在客体或主体的结构中的力量,它也是一种强调社会世界的内在规律的原则。"[③]一个人拥有资本的数量和类型决定了他在社会空间的位置,也就决定了他的权力。由于现代化社会中出现了各种劳动分工,它们形式不同但具有根本的同质性。它们的主体可以凭借自身资本的占有,获取社会报酬与社会身份;不同资本之间可以互相转换,从而在形式上形成主体的社会群体。"在特定的时刻,资本的不同类型和亚型的分布结构,在时间上体现了社会世界的内在结构,即铭写在这个世界的现实中的一整套强制性因素,这些强制性因素以一种持久的方式控制了它所产生的作用,并决定了实践成功的可能性。"[①]依据布迪厄使用的"资本"概念,"资本"在意义上接近于"权力"(依赖掌握某种资源而拥有),表现为三种基本类型:经济资本(财富、产权)、文化资本(文凭、知识)和社会资本(社会关系、信任)。后来,布迪厄又特别添加了相对于"物质"而言的符号资本(荣誉、声望),既作为知识的工具,同时也是支配的手段。

---

　　① 　[法]皮埃尔·布迪厄、[美]华康德:《实践与反思:反思社会学导论》,李康、李猛译,邓正来校,中央编译出版社 2004 年版,第 139 页。

　　② 　李全生:《布迪厄场域理论简析》,载于《烟台大学学报》(哲学社会科学版)2002 年第 2 期,第 147 页。

　　③ 　[法]皮埃尔·布迪厄:《文化资本与社会炼金术》,包亚明译,上海人民出版社 1997 年版,第 189 页。

　　① 　同上,第 190 页。

二、司法场域"资本"形态的运作

司法场域中的行动者对司法过程的影响,是在对场域权力或权力资本不断地进行争夺、交换、整合的过程中实现的。其影响的大小,在一般情况下与其在司法场域中所拥有的权力大小或权力资本的多少成正比关系,不仅与自身所拥有的资本总量的多少有关,还与其对既有资本能量的运作有关,即根据案件需要对各种有形无形的资本进行整合,包括争夺、交换、置换等的有机整合,形成一种表现为符号资本形态的资本能量。资本权重越高,资本能量越大,对于案件事实的确认与法律规范的适用方面的话语权就越大。

在司法过程中,在案件事实的确认与法律规范的适用方面有最终话语权的,毫无疑问是法官。相对于场域中的其他行动者,法官在司法场域中拥有最多的是被包括在文化资本和社会资本之内的体制化资本,亦即国家往往通过立法的形式或其他国家强制手段赋予法官这个职业以原始性的资本。这种体制化资本是法官在案件事实的确认与法律规范的适用方面有最终话语权的基础,也是影响司法活动的核心资本形态。场域中的其他行动者往往通过其自身所拥有的各种不同形态的资本,在与这种体制化资本进行争夺、交换、置换等活动中,分割或蚕食这种体制化资本,争夺案件事实的确认与法律规范的适用方面的话语权,进而影响刑事司法活动。

(一)文化资本形态下的话语权

文化资本视角下的案件事实与法律适用的话语权,表现为司法场域内行动者在对其所拥有的文化资本的使用或消费过程中,就有关案件事实的确认与法律规范适用方面的主导权或支配权。司法场域中的行动者所具有的文化资本与话语权重成正比关系,行动者在彼此之间的互动过程中持有的文化资本越多,其话语权就越大。

文化资本指一种被视为正统的文化趣味、消费方式、文化能力和教育资历等标志行动者社会身份的价值形式,如学术资历。它并不完全具有经济资本那样的基本特征,并不是真正意义上的资本,而只是体现了与经济资本的相似性。布迪厄将文化资本分为个体化文化资本、客观化文化资本和体制化文化资本。司法场域中行动者具有的文化资本的状态不同,对案件事实的认定和法律适用的影响力也就不同。

(二)社会资本形态下的话语权

社会资本视角下的案件事实与法律适用的话语权,表现在司法场域内行动者之间彼此关联以及司法场域内行动者与司法场域外行动者彼此关联的过程中,通过相互交换彼此所持有的不同形态的资本,形成就有关案件事实的确认与法律规范的适用方面的主导权或支配权。

社会资本是在社会关系网络中存在的一种资本形态。关系网络具有集体性和制度化的基本属性。集体性是指社会资本赋予关系网络中的每一个人一种集体拥有的资本,一个人拥有社会资本的多少既取决于他可以有效调动的关系网络的规模,也取决于与这些网络相关的各种人拥有的资本(经济、文化、符号)的数量。而制度性是指行动者在交往中采取特定的策略来确定或再生产某些社会关系,把偶然的关系,如邻里关系、同事关系甚至亲戚关系,转变为选择性的持久关系,这种关系可以满足行动者主观上的需要,又可以进一步转变为在体制上得到保障的权力关系。同时,社会资本只有在社会交往互动中才能产生,这些交往活动本身要花费时间和精力,要直接或间接地花费经济成本,所以制度化关系网络的确立和维持必须以稳固的物质性交换和符号性交换为基础。如同在经济活动中一样,交换在社会网络的形成中起着关键的作用,处于特定社会体制中的行动者通过各种交换活动,如金钱、言语、服从等,将偶然性的关系不断转换为稳定的权力关系,并通过彼此之间的承认和合法化,进行不断的再生产。

(三)经济资本形态下的话语权

经济资本视角下的案件事实与法律适用的话语权,表现为司法场域内行动者直接通过其拥有的经济资本与其他形态资本的交换,将经济资本置换成文化资本、社会资本或其他资本符号,间接影响或左右有关案件事实的确认与法律规范的适用方面的主导权或支配权。

在司法场域中,资本与权力是密切联系在一起的。一个人拥有的资本的数量和类型决定了他在该场域的位置,也决定了他的权力。由于司法场域的非经济场域性,决定了最大限度地追逐经济利益、实现经济利益的最大化,不应成为场域的主要游戏规则。然而,个人追求金钱物质利益,并非仅在经济场域中,行动者在不同的场域追逐着不同的符号资本,并最终实现其他形态资本向经济资本的转换。所以,司法场域中的经济资本具有"隐蔽与秘密"的功能,行动者通过将其拥有的经济资本与其他形态资本进行交换,将经济资本置换成文化资本、社会资本或其他资本符号,竞争案件事实与法律适用方面的话语权。

第二节 普通案件如何转变为影响性诉讼案件

影响性诉讼案件最初可能仅仅是普通案件,普通案件演变为公共事件需要具备两个条件:一是社会的超常关注,即社会持续一定时间,对案件带有强烈的主观意愿和情感表达的关注;二是法律之外的各种力量通过议论、诉说等方式对案件的形塑。在实现这两个条件的过程中,民众因素和媒体因素都起着重要的作用。在影响性诉讼案件中,案件从最初引起公众关注到后来引发社会议论,存在着两种路径。第一种路径是由自媒体始发,民众通过持续不断地在网站上发帖、跟帖,引起媒体关注。媒体介入后,对案件进行采访和深度报道,例如李昌奎案。第二种路径则是先由媒体报道,接着引发广泛的网络讨论,例如药家鑫案。随着信息的传递和反馈,能够代表民意的观点逐渐清晰并最终形成主流舆论,继而对法院判决产生影响。在舆论的形成过程中,媒体和民众之间相互影响,并往往最终形成合力对影响性诉讼案件产生作用。

第一,作为一种信息传播媒介,媒体在引发公众关注方面起着重要的作用。话语设计是媒体制胜的一种主要手段。在影响性诉讼案件中,我们可以在不了解案件事实的来龙去脉之时,首先接收了极具视听性和形象感的新词——"躲猫猫""临时性强奸"等,这一个个极具创意的词足以吸引更多的民众关注。因为这些极具震撼性的词很容易使民众产生想象,它们总能最形象地表述出该诉讼案件的离奇与独特之处,总能在第一时间抓住民众的注意力。同时,这些词包含了极强的情感色彩与态度,带有明显的倾向性。正是这些词所具有的独特魅力,使并未接触案件的民众极易被灌输有色彩的第一印象,从而影响民众对整个诉讼案件的真正判断。可以说,具有广告词一般的魅力的新词在一定程度上成就了影响性诉讼案件,以至于人们可以淡忘事件本身的争议,却始终记得住这些独特的词语。这说明,媒体在第一个环节就实现了对司法的话语侵占和掠夺。但是,为了赢得传播市场更多的席位,获得更多的利益,媒体天生有着迎合民意的趋向。媒体之所以对影响性诉讼案件进行报道往往是因为其中充斥着"官二代""富二代""凶杀""司法腐败""暗箱操作"等易于吸引公众眼球的内容。媒体对于影响性诉讼案件的关注根源在于民众对于这些案件背后主题元素①的兴趣(参见表 1.2)。特别是随着自媒体的兴起,原本作为信息接收者的民众变成了信息的发布者,传统媒体已不再是民众获取信息的唯一途径(参见表 1.1)。根据《2014 年中国社交类应用用户行为研究报告》的统计,62.0％的网民表示"喜欢看大家都关注的热点新闻",社交类应用的属性决定了进入关系圈内进行分享的话题多是圈内热点或共同关注、感兴趣的热点,如微博搜索热点、社交网站热点话题推荐等,网民通过这些渠道能更快地接触正在发生的热点事件。此外,45.2％的网民喜欢看短新闻,还有41.9％的网民喜欢看别人转发的新闻,社交类应用能很好地满足网民的此类需求。②

第二,在对案件的议论、诉说过程中,媒体和民众之间呈现出了一种更为复杂的关系。一方面,媒体表现出了取悦民众的趋向。这一点在上一段的论述中可以得到解释。另一方面,当媒体为了提高关注度"制造舆论"时,民意也可能被媒体所裹挟。"沉默的螺旋"现象揭示了媒体控制舆论的社会机制。德国舆论学家伊丽莎白·诺尔-诺依曼(Elisabeth Noelle-Neumann)最早提出了"沉默的螺旋"理论,它是指这样一种现象:"当人们感觉到自己的意见(可能是一种新的意见,或者是一种业已存在的意见)属于'多数'或处于'优势'时,便倾向于积极大胆地发表这种意见;当发觉自己的意见属于'少数'或处于'劣势'时,遇到公开发表的机会,可能为防止孤立而保持'沉默'。意见一方的沉默造成另一方意见的增势,如此循环往复,便形

① 有学者对影响性诉讼案件中民众的关注焦点(主题要素)进行了归纳概括,参见孙笑侠:《公案的民意、主题与信息对称》,载于《中国法学》2010 年第 3 期,第 139—141 页。

② 参见《2014 年中国社交类应用用户行为研究报告》,中国互联网络信息中心 http://www.cnnic.cn/hlwfzyj/hlwxzbg/201408/P020140822_47862.htm,最后访问日期 2014 年 8 月 25 日。

成一种一方越来越强大，另一方越来越沉默下去的螺旋发展过程。"①
运用"沉默的螺旋"效应，媒体通过大量报道、不断重复的词语和观念，对民众心理造成一种压力，进而达到控制社会舆论的效果。在没有足够证据支持或者证据不充分或者存在相互矛盾时，传媒就已经对案件事实建立起了完整的叙事，媒体在缺乏对案件完整调查和证据有效支持的情况下，通过重构案件中的某些细节、情节和关键点，把整个事件的来龙去脉梳理了出来。其中语言表达的流畅掩饰了证据不足的缺憾，对部分情节的合理想象填补了证据之间的空白，富有煽情性的细节消解了大众对许多矛盾环节的关注。通过大众传媒的传播方式，一个普通的纠纷或者并不稀奇的诉讼案件可以被修饰加工为一个颇具影响力、极具讨论价值的公共事件。法院在判决案件时理应依赖一系列能够以可采性和可信性的证据进行佐证的事实，但在这些案件进入诉讼程序之前，媒体已经以传播技巧重构了故事，并将其输入民众的认知之中，成为共识性的"真相"。这就使得司法所崇尚的证据对案件的处理失去了核心作用，法官关注的重点不再是现有的证据证明了什么，而是公众已经知道到了什么。

　　但是，一些学者也指出了"沉默的螺旋"这一理论的不足之处。第一，诺依曼过分强调了民众对孤立的恐惧这个动因，而没有看到民众意见表达后面的利益期待才可能是更为根本的动因；第二，忽视了民众对问题的了解程度这一可能决定民众是否公开表态的重要因素。② 基于此，影响性诉讼案件中社会舆论的形成在两种情况下可以排除"沉默的螺旋"理论的适用。第一种情况是，当案件涉及民众的切身利益时，媒体的意见和民众的观点过于相悖。以药家鑫案为例，

---

① 　陈力丹：《媒介对舆论的社会控制机制——沉默的螺旋》，载于《国际新闻界》1998 年第 1 期，第 46 页。

② 　Glasser，T & salmon，*Public Opinion and Communication of Consent*，the Guilford Press New York London，1995，pp. 265—266.

药家鑫案不仅引发了民众对人身安全的担忧,人们都不想成为第二个张妙——在被撞的同时又面临被杀的危险,同时在该案背后还隐含着贫富分化、官民对抗、社会信任危机等社会结构性矛盾,这些结构性矛盾在深层次上触动了民众的利益。因此,当有媒体作出有利于药家鑫的报道后,不但没能引导舆论的走向,而且还背上了"为药家鑫开脱"的罪名。根据凤凰网的一项调查,在被调查的41.5万网民中,有68.2%的网民认为媒体在为药家鑫开脱。[①] 第二种情况是,民众对案件足够了解并且有发表意见的自由时,媒体的意见却和民众的意见差距过大。在药家鑫案中,媒体还原的药家鑫案的事实是:一个文弱的年轻人,原本中规中矩,但是由于教育的不当,导致内心长期受到压抑,终于在极端的情境下,作出了不冷静的行为。在民众的眼中,药家鑫案的真相是:一个冷血、暴戾的"军二代",以极端冷静、残忍的方式杀死了一个有着幼子的农妇。案发后,其有着神秘背景的家人对受害者一方表现出了冷漠的态度,直到该案件公开曝光后,又动用巨大的能量调动了包括当地司法系统、央视等在内的资源,策划着一个为药家鑫开脱罪责的行动。

"沉默的螺旋"理论给公共意见下的定义是"在有争议的领域中人们能够公开表达而不至于使自己陷于孤立的意见"[②]。这说明民众的真实意见和公开的意见是可能有区别的。应当区分两种意见,即公众意见和公众形式主义的公开意见,前者由代表了实际多数的民众给出,后者由代表对多数意见知觉的媒体给出。媒体虽然可以利用社会舆论控制机制制造公众形式主义的公开意见,但是它并不一定是民众自己的真实意见。当媒体刻意制造舆论时,舆论一致的假

---

① "调查",凤凰网http://news.ifeng.com/society/special/yaojiaxin/,最后访问日期2011年5月8日。

② [德]伊丽莎白·诺尔-诺依曼:《沉默的螺旋》,董璐译,北京大学出版社2013年版,第63页。

象之下其实是两种意见的不断分裂,当分裂到一定程度时,会导致公众真实意见的巨大反弹。因此,媒体并不必然引导舆论,媒体引导舆论的前提应当是充分尊重民众的意愿。

第三节 影响性诉讼案件中谁在左右司法

在日常生活中,存在着大量常规案件。对于这些案件而言,形式化的法律文本和司法程序足以维持司法系统的运行,法院凭借制度优势垄断了法律决定权。但是在影响性诉讼案件中,随着外界关注和干扰的增多,司法运行逻辑的理想状态被打破,司法场域中的分化和对抗不断加深。在各方主体对法律决定权的争夺过程中,究竟是谁在真正行使着法律的决定权或者说左右着司法,是一个需要追问的问题。在司法理论和实务界,有很多人认为在影响性诉讼案件中是民众干预了司法、民意绑架了司法,有学者还提出了"民意审判"的概念。[①] 但是,这显然过于简单地看待民意、司法和政治之间的互动关系了。其一,系统理论为我们提供了一种关系视角,让我们认识到真正影响司法运行的不是任何一个单一的因素,而是多种因素合力作用的结果。民众、媒体和为政者作为影响性诉讼案件的外部因素,以一种合力的方式对司法产生着影响。其二,相较于民众,为政者对于影响性诉讼案件的结果往往起着决定性的作用。主要表现在以下三个方面:

第一,许多普通案件虽然也引起了舆论的广泛关注,但是案件的

---

① 周永坤:《民意审判与审判元规则》,载于《法学》2009 年第 8 期,第 3—15 页。

结果并未改变。例如,在被称为"第二个李昌奎案"的赛锐案中,虽然有着和李昌奎案相似的案情,同样由云南省高级人民法院改判了死缓,最关键的是也同样引起了民众的广泛关注,但是赛锐案最终却石沉大海,并未再审。其实在李昌奎案再审改判和赛锐案石沉大海的不同表象背后,却有着一致的逻辑。无论作为外部因素的民众和媒体的力量有多大,都不足以对司法运行系统产生决定性的影响。离开了为政者这一环,其他环境因素有再大的合力都无法作用于司法运行系统。

第二,在法院和民众的交锋中,法院会运用司法独立、程序正义等正当性话语,但是在和为政者的对话中却处于失语的状态。在影响性诉讼案件中,法院不乏批评民众干预司法、影响司法独立的声音。在李昌奎案中,面对舆论对二审改判死缓的质疑以及要求处死李昌奎的呼声,云南省高级人民法院副院长田成有在媒体上做了如下回应:"这个国家需要冷静,这个民族需要冷静,这是一个宣泄情绪的社会,但这样的情绪对于国家法律而言(不是适当的),应冷静。我们不会因为大家都喊杀,而轻易草率地剥夺一个人的生命。"[1]但是,与之形成对比的是,法院从未对为政者干预司法的行为公开地表示过异议。在法院的天平上,民众和为政者孰重孰轻立时可见。

第三,在对待民意的态度上,法院表现出了明显的言行不一。在李昌奎案二审改判死缓判决作出后,受害人家属也曾通过制度途径表达对判决结果的不满,先后向云南省检察院、云南省高级人民法院、云南省政法委,甚至最高人民法院、最高人民检察院、中央政法委提出过申请,但是都未得到回复。[2] 直至案件在自媒体上曝光后,云

---

① 《云南省高院:李昌奎案让我们骑虎难下》,腾讯网 http://news.qq.com/a/20110714/000172.htm,最后访问日期 2012 年 4 月 5 日。

② 参见受害者王家飞的哥哥的微博http://t.qq.com/w365430529/,最后访问日期 2011 年 11 月 6 日。

南省高级人民法院才作出回应。此后,一次次的舆论高潮推动着云南省高级人民法院作出了再审决定,直至最终作出改判李昌奎死刑立即执行的判决。但是,在李昌奎案的再审判决书中,法院却丝毫未提在李昌奎案再审中具有重要作用的舆论风波,而只是用一句轻描淡写的"原二审判决对李昌奎改判死刑,缓期二年执行,剥夺政治权利终身,量刑不当"阐述了改判的理由。由此可以推出:法院作出的顺应民意的判决并非真正出自对于民意的考量。

为政者之所以能够在影响性诉讼案件中左右司法,是因为为政者在司法场域中拥有更多支配司法资源的资本。按照卢曼的系统理论,政治系统和宗教系统更容易在社会中取得支配性地位,在现代社会中,前者的优势更为明显。其一,政治系统具有较强的扩张和普遍化能力。任何系统的运作都离不开指涉,其中包括自指涉(在系统中标示出自己)和异指涉(在系统中标示出环境)。而政治系统恰恰可以普遍地在其他系统中被指涉,例如法律系统可以把自己描述为纯粹的政治工具。其二,政治系统具有极强的在系统内部分化出组织系统的能力。政治系统对其组织成员没有专业性的限制,向所有人开放,因而很容易覆盖整个社会。而经过政治系统规训和引导的组织成员又可以进入其他系统,从而达到政治系统对其他系统的控制。在我国,政治系统对司法系统的扩张体现得尤为明显。

第一,司法政治化干扰法院独立行使审判权。一直以来,在我国的司法审判过程中,法官很少会在判决书中进行说理或者详细解释法律。其中一个重要原因是法官担心过多的说理会被当事人歪曲,并将其作为日后上访的依据。这种社会力量通过政治权力间接地作用于司法判决是一种司法政治化的表现,它已成为我国当前司法领域的一种比较普遍的现象。就当下的我国而言,虽然政治框架下的各种功能分化程度相对于传统社会有了很大的提高,但是这种角色分化的程度仍然是十分有限的。司法权和行政权在职权范围和功能界定上仍然存在一定的模糊之处。通过上访可能会使法官面对人大、政法委或者纪委的调查,甚至有可能需要接受来自党政部门的批评,这些都会对处于体制之中的法官构成一种威慑力,从而影响法官独立行使审判权。

第二,我国的行政体制决定法院的司法行政事务几乎完全依附于行政机关。这主要体现在以下三个方面:第一,在人事任用方面,由于我国法院的人事编制权在其所属的各级政府,因而法院并不具有对法官的任用权;第二,在法官的选任方式上,根据我国宪法和人民法院组织法的规定,各级法院院长由同级的人民代表大会选举产生,而副院长、正副庭长则由同级的人大常委会任免;第三,在法院的经费预算和设施建设上,法院都要依赖于同级政府。总之,无论是法院的人事编制、法官的任免还是法院经费和设施建设,法院都会受到行政力量的限制。因而,虽然我国的审判独立强调法院作为一个整体的"集体独立",但是由于缺乏抵御外部力量干预的相应的制度保障,因而法院独立在我国并未真正实现。

第三,我国司法的生态环境限制了法官的职业化程度。在我们国家,司法仍然没有改变"治理化"的特征,而经济和社会领域的变革为法律自主发展提供的空间又十分有限。因而,在实践中,法官独立遇到了多重障碍,难以实现独立断案。其一,在法院内部,存在着"审而不判,判而不审"的特殊现象。主审法官断案,要请示审判长、庭长、院长,审判委员会更成为个案裁判意见的"最权威"的仲裁者,这些法院内部的行政长官和审判委员会对具体裁判意见的形成产生重要的影响。但是实际上,这些行政长官或者审判委员会并不亲自审理案件,对于案件的具体情况也很难做到详细了解。其二,在上级和下级法院之间,存在着个案请示、汇报的情况,从而导致上级法院承担起为下级法院"保驾护航"的责任。这种做法剥夺了当事人上诉的权利,使二审形同虚设,严重违反了审级制度设计的初衷。

　　综上所述,在影响性诉讼案件中,影响司法运行的不是任何一个单一的因素,而是多种因素合力的结果。由于环境因素作用于司法运行系统受着这样一种模式的支配,即民众或者媒体影响为政者的态度,为政者的态度左右案件的裁判,因此民众介入的结果只能是进一步加强司法的政策指向。

第五章　环境因素作用于司法运行系统的负面效果

无论是司法场域中各方的利益诉求,还是环境因素作用于影响性诉讼案件的内在逻辑,都证明了环境因素会对司法运行系统产生影响的事实。正视这一事实,同时探讨这种影响可能给司法运行系统带来的负面效果以及如何尽可能地减少这种负面效果,这可能比探讨如何使司法裁判完全不受外部因素的影响更具现实意义。这样问题就缩小到环境因素作用于司法运行系统是否会产生威胁司法基本价值的负面效果。如果它们会构成威胁,我们需要识别出这些负面效果,才能更加明确环境因素作用于司法运行系统的限度在哪里,进而抑制或者减少这些负面效果的产生。

第一节　民众作用于司法运行系统的负面效果

一、损害司法权威

"法律权威意味着法律服从的产生。其最基本的特征就在于它是一个强制性服从和自愿性服从的复合体,体现了外在强制力与民众的内在认同在法律权威树立过程中的交互作用和交融共存。对法律的服从包含两个基本属性：一是强制性服从，亦即法律权威的产生直接在于法律是由国家强制力保证实施的规范，违反法律便会招致法律的制裁；二是自愿性服从，亦即法律权威的产生归因于人们对法律的产生、运行过程及结果发自内心的认同、尊重服从。"①从卢曼系统论的角度来看，强制性服从对于实现司法权威的意义在于可以稳定规范性期望，而这也是司法功能的价值依归。"法律维持秩序的功能之独特性在于，主要是要知道人们可以合法地对他人（和对自己）有什么期望，或者讲得通俗一点就是：抱什么样的期望才是得体的。期望的不可靠比经受意外和失望更让人无法接受……当然，期望和行为是相互起稳定作用的，但是规范能够产生比从行为角度获得认可更大的可靠性，这是规范对社会交往自我生成的特殊贡献。"②自愿性服从对于实现司法权威的意义则在于保证人们产生对于规范性期望的规范性期望，从而由相互反照达到系统的统一。由于"裁决系统无法把规范地参与期望的条件带入有约束力的裁决前提形式之中。它虽然可以给个人赋予权利和义务，但不能保证所有其他人参与期望（或者甚至不能保证与这种参与期望相关的期望之可靠性）"③，所以司法运行系统要发挥稳定规范性期望的功能，给社会提供一种可预期的秩序，其前提必须是民众能够理解并认同这种秩序，即对规范性期望产生规范性的期望。

---

① 杨清望：《论法律权威》，吉林大学 2008 年博士学位论文，第 22 页。需要说明的是，虽然作者在文中把法律权威、立法权威、司法权威和执法权威做了区分，但是正如作者在文中所说的，"法律权威是由立法权威、执法权威和司法权威来共同构成和表征的"，因而，作为法律权威一部分的司法权威也具有法律权威的基本特征。

② ［德］尼古拉斯·卢曼：《社会的法律》，郑伊倩译，人民出版社 2009 年版，第 78 页。

③ 同上，第 75 页。

接下来,本部分将从强制性和自愿服从性这两点来考察民众作用于影响性诉讼案件可能对司法权威产生的危害。

其一,从强制性即既判力的角度来讲,民众对司法权威的潜在危害体现在两个方面。一是民众作用于影响性诉讼案件往往会导致法官在司法过程中举棋不定,甚至出现判决结果的反复,进而影响司法的既判力。民意具有多边性、任意性和缺乏理性的特点,用勒庞的话来说,就是冲动、易变和急躁。① 在药家鑫案的审判过程中,舆论便发生过转向。从案件引起民众关注到后来的审理阶段,民意都要求坚决处死药家鑫。然而在药家鑫被处决后,其军二代的身份被证实是子虚乌有的,而一直备受同情的受害人家属出尔反尔的行为也引起了民众的反感,此时舆论开始反转,同情药家鑫的声音越来越多。如果法官在审判的过程中完全依据民意,那么必然导致判决结果的反复,从而无法实现司法保证期望可靠性的功能。二是对于已生效判决,如果法院在民意的作用下改变判决的结果,那么势必也会对司法的既判力造成损害。典型的例子是李昌奎案的再审判决。在七波舆论高潮的推动下,云南省高级人民法院启动了再审程序并最终进行了改判。在这个过程中,无论是同一个法院基于同样的法律和事实却作出了不同的判决,还是云南省高级人民法院在死刑适用问题上的言行不一,都极大地损耗了司法的权威性。

其二,从自愿性的角度来讲,民意很容易因"民愤"而情绪化、因"说服"而被操纵,变质为"疑似民意"并导致和加强审判的主观任意性。由此导致的一个结果是,表面上审判服从了民意,但实际上审判并未真正获得民众的认同。一是民意可能被媒体操纵。如前所述,运用"沉默的螺旋"效应,媒体通过大量报道、不断重复的词语和观

---

① [法]古斯塔夫·勒庞:《乌合之众》,戴光年译,新世界出版社 2010 年版,第 20 页。

念,对民众心理造成一种压力,进而达到控制社会舆论的效果。在没有足够证据支持或者证据不充分或者存在矛盾时,传媒就已经对案件事实建立起了完整的叙事,媒体在缺乏对案件完整调查和证据有效支持的情况下,通过重构案件中的某些细节、情节和关键点,把整个事件的来龙去脉梳理了出来。其中语言表达的流畅掩饰了证据不足的缺憾,对部分情节的合理想象填补了证据之间的空白,富有煽情性的细节消解了大众对许多矛盾环节的关注。通过传媒职业的编辑方式,一个普通的纠纷或者并不稀奇的诉讼案件可以被修饰加工为一个颇具影响力、极具讨论价值的公共事件。二是民意呈现民粹主义倾向,被精英阶层操纵。汹涌的民意有时也会变成一种"软暴力",扭曲了正常的社会政治生活。在杭州飙车案中,网友们得知肇事者为富家子弟后对其发出的强烈批判、质疑和咒骂,对肇事者个人信息的详尽的人肉搜索,以及最后未加甄别就大肆传播"法庭上的是肇事者替身"的不实信息的现象,无不体现出了网络暴力的一面,引发了人们对民粹主义的担忧。2012 年的一项公众民粹化倾向调查发现,具有民粹化特征的受访者占 49.5%,其中,属于民粹特征显著群体的受访者占 31.3%,属于有一定民粹化倾向群体的受访者占 18.2%。[①]民粹主义是一个缺乏明确、严格、清晰界定的概念,但这一术语却被众多的政治家、学者反复使用。民粹主义是在 19 世纪的俄国兴起的一股社会思潮。它虽然强调平民的利益高于一切,但是有学者研究认为,平民主义和精英统治之间存在着微妙的关系。"精英主义实质上是产生民粹主义的一种内在推动力,精英阶层与中下层社会在某种情形下的暂时融合反映了精英阶层的一种策略性选择,精英阶层是民粹主义政治动员的设计者和主导者,大众只不过是可以提供合

---

① 参见吴江、兰颖:《中国公众的民粹化倾向调查报告(2012)》,载于《人民论坛·学术前沿》2012 年第 15 期,第 90 页。

法性的动员对象而已。从某种意义上说,民粹主义是概念上的'底层的主义'和实际上的'精英的主义'。"①因此,民粹主义有着坠入权威政治的危险倾向,很难真正代表普通民众的利益并表达其诉求。

二、对法律确定性的寻求

"裁决系统无法把规范地参与期望的条件带入有约束力的裁决前提形式之中。它虽然可以给个人赋予权利和义务,但不能保证所有其他人参与期望。"②为了使与这种参与期望相关的期望成为可能,法律系统必须保持和生活世界的互动,进而获得生活世界赋予它的权威和意义。对于法律系统而言,既需要维持系统本身独立性的工具理性,又需要保证和生活世界相联系所必需的共识导向下的交往理性。所以,司法权作为一种政治权力具有特殊性,除了强调权力本身的强制性,司法权还有一个很重要的面向是获得公众的信服。如何在法律系统和民意表达之间形成良好的互动关系,对于司法权威而言是一个核心的因而也是无法回避的问题。由上文可知,民意的易变性和易受操控性的确会对司法权威构成威胁,但是这都不足以成为司法排斥民意的理由,而只能从另一个角度提示司法要更加重视民意和审慎地对待民意。对于司法而言,没有错误的民意,只有被错误理解和吸收的民意。树立司法权威的关键不是让司法远离民众,而是缓解司法和民意之间的紧张关系。具体而言需要从三个方面着手:一是在司法中通过更多制度化的方式吸纳民意;二是慎重甄别和引导民意;三是正确识别民众和司法冲突背后的根源。关于前两点,本文在第六章中会进一步论述,在这里将重点说明第三点。在

---

① 林红:《论民粹主义产生的社会根源》,载于《学术界》2006 年第 6 期,第 159 页。

② [德]尼古拉斯·卢曼:《社会的法律》,郑伊倩译,人民出版社 2009 年版,第 75 页。

影响性诉讼案件中,许多情况下民众介入司法是为了实现其对法律的预期,而这一点正是司法功能的价值依归。从这个角度讲,与其说是民众在和司法对抗,不如说是民众在和破坏其对法律的预期的因素对抗。因此,许多所谓的"民意与司法之间的矛盾"事实上都是伪命题。简单地抱怨、斥责民意"绑架"司法,容易导致理论研究的失焦现象,从而忽略司法运行系统本身存在的问题。

(一)民众对于法律不确定性的焦虑

在影响性诉讼案件中,民众对于法律不确定性的焦虑主要源于两个方面:

第一是在诉讼中法官的中立地位难以得到保障。按照卢曼的系统理论,法律系统的功能在于其对规范性期望的稳定化,它是一种与事实相反的稳定化了的行为期望。鉴于现实的易变性和不确定性,法律系统以一种拟制的形式阻断了现实中的时间性和因果性,从而把实现确定性承诺的问题大大简化了。人们不再需要探求所谓事物本质、事实真相,而只需循着法律的规则和程序指引即可对自己和他人的行为形成合理的预期。这种规范性期望并不允诺现实中都是符合规范的行为,它的任务是保护抱有这种期望的人。法律系统必须能够有效地辨明、制裁违法行为,按照系统中预先规定的规范运作,从而实现保持在它的可能性界限之内的恰当的期望。从这个角度讲,规范性期望本身的不可靠比经受意外和失望对法律系统更具有破坏性。

诉讼程序是法律系统达到稳定规范性期望目的的形式化手段之一。作为一种纠纷解决机制,其设计理念是力求实现控辩双方平等对抗、法庭居中裁判。这一点在刑事诉讼程序中体现得尤为明显。在刑事诉讼中,通过构造控诉、辩护和裁判三方组成的诉讼结构,形成诉权对裁判权的制约。诉权是指诉诸司法裁判的权利。控、辩双方拥有诉权便意味着拥有了"程序启动权"和"程序选择权"。于是尽管案件的最终裁决要由法院作出,但是控、辩双方却可以通过行使诉权的方式参与裁判,进而对裁判结论的形成施加积极的影响。由此,法院作为裁判者的中立地位得到进一步保障,同时由于控辩双方已成为司法裁判过程中的协商者和参与者而不仅仅是被动接受者,因而也更易于接受裁判结果。

但是,在我国司法实践活动中,诉权对于裁判权的制约理念并没有得到很好的落实。法官在整个诉讼程序中居于绝对的主导地位,呈现一种"超职权主义"的形态。再加上在侦查、起诉阶段,由于没有中立的第三方的参与,整个审判前的阶段带有明显的"行政治罪构造"。按照政治学的普遍定律:如果权力不受限制,那么它必然会受到更大权力的摆布。一方面,由于裁判者自由裁量的权力过大,导致其中立地位在司法活动过程中无法得到保障,司法裁判的结果也很难取得双方当事人及公众的信服。这一点也体现在了影响性诉讼案件当中。在大部分的影响性诉讼案件中都存在着双方当事人身份、地位的悬殊差距,如于欢案中被告人救母身份和被害人讨债打手身份的对比、邓玉娇案中被告人民女身份和被害人官吏身份的对比、杭州飙车案中被告人"富二代"身份和被害人贫寒学子身份的对比,以及李启铭校园撞人案中被告人"官二代"身份和被害人普通学生身份的对比。在对这些案件的审判过程中,在裁判者中立地位无保障的前设下,民众会产生法院会偏向有权势的一方办权力案、关系案、人情案的猜测便不是毫无理由的。于是,民众通过对案件的积极关注希望给予弱势一方更多的支持,从而实现当事人双方在诉讼当中力量的平衡。在这里,程序已经无法起到稳定规范性期望的作用。另一方面,"我国的司法存在'超当事人主义'的文化特征,即虽然审判者带有极其浓厚的权威主义色彩,但判决的最终结果往往受到坚决表示不服的那一方当事人(通常是败诉方)的影响。……在制度设计上,当事人(特别是败诉方)的口服心服或者形式上的承认被当作结案的最后条件,这就导致当事人有机会反复提出不服申诉,甚至大闹公堂,并借助公论的压力在一定范围内决定审判的后果或者法律关系的安定性"①。与此同时,由于我国司法承担着社会治理的功能,由此法院便被纳入了国家"社会治理"的组织网络之中。在这里,法院不再是社会矛盾的终端裁断者,而仅仅是"社会治理"的诸多"职能部门"之一。规则之治也不再是司法裁量的唯一准则,如何更好地解决纠纷往往成为一切行动的目标。"当所有的争议,法庭不能成为最后解决的通道,人们就会不惜一切代价在法庭外寻求解决。当所有的争端不能通过法律作为最后的救济途径,人们就会不计后果在法律外孤注一掷。"②于是出现了大量终审不终、涉诉上访③的现象。法院也因此从社会矛盾的裁决者变成了社会矛盾的一方当事人和诱因,此时司法已经丧失了稳定规范性期望的功能。随之而来的则是司法权威的丧失。根据凤凰网的数据统计,从 2006—2014 年,中华人民共和国最高人民法院(最高法)和中华人民共和国最高人民检查院(最高检)工作报告的反对票数都远高于政府工作报告的反对票数(参见图 5-1)。④

---

① 季卫东:《中国司法的思维方式及其文化特征》,载于葛洪义主编:《法律方法与法律思维》(第 3 辑),中国政法大学出版社 2005 年版,第 72 页。

② 《当法官成为弱势群体》,凤凰评论 http://news.ifeng.com/a/20160228/47618094_0.shtml,最后访问日期 2016 年 2 月 28 日。

③ 据有关部门统计,在反复访、长期访、激烈访、进京非正常访中 70% 是涉法信访,其中涉诉信访又占到 70% 左右。参见张文显:《现代性与后现代性之间的中国司法——诉讼社会的中国法院》,载于《现代法学》2014 年第 1 期,第 6 页。

④ 《"两高"报告表决结果引现场惊叹,最高法人员摇头》,中华网社区 http://tuku.club.china.com/data/thread/1011/2768/85/04/4_1.html,最后访问日期 2014 年 7 月 15 日。

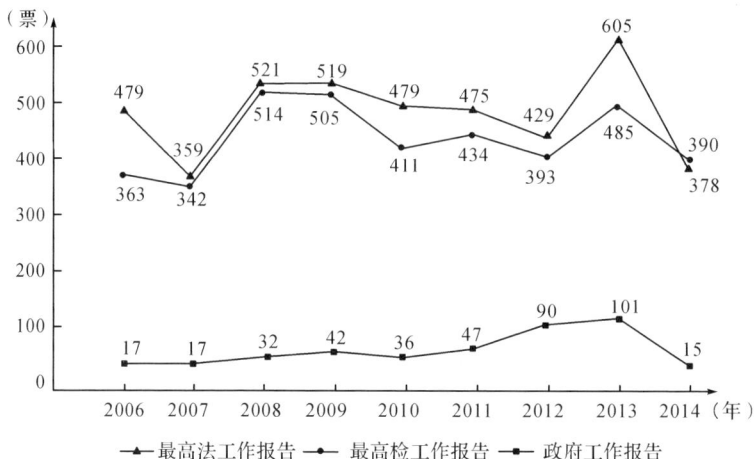

图 5-1 2006—2014 年"一府两院"工作报告的反对票数统计

(资料来源:中华网社区 http://tuku.club.china.com/data/thread/1011/2768/85/04/4_1.html)

第二是司法判决偏离了民众对法律的想象。许霆案经媒体披露后,立刻引起了社会的广泛关注和质疑。初审判决公布之后,国内许多网站都以"许霆被判无期是否量刑过重"为名进行民意调查,网易论坛的网友投票数据显示,高达九成的网友持"法院不该重判许霆"的观点。[①] 许多学者、法律专家、律师也表达了不同的看法。2008 年 1 月 8 日,北京 8 名律师联名上书全国人大和最高法院,递交了一份《关于刑法及其法律适用若干问题亟待修改》的公民建议书,认为许霆案适用的法律依据量刑幅度太僵硬,出现了刑罚断档现象,造成了适用刑罚上的不衔接。尽管从事实认定到定罪量刑,一审法院都是严格按照法律规则执行的,但是民众仍然不接受对许霆"无期徒刑"的量刑,因为这严重背离了其对法律的预期。同样的情形还发生在李昌奎案中。面对二审改判李昌奎死缓的判决,舆论一片哗然。因

---

① 《ATM 机是否属于金融机构》,新浪网 http://news.sina.com.cn/c/2008-02-21/131414987542.shtml,最后访问日期 2011 年 4 月 22 日。

为这和民众心中"杀人偿命"的观念有严重的抵触。在腾讯网题为"你认同'杀人偿命'吗"的民意调查中,有将近 8 万人表示认同,占到了被调查者人数的 98%。虽然有佘祥林案、赵振海案的警示,民众也明知死刑可能带来冤假错案,但是在刘涌案、李昌奎案等影响性诉讼案件中,民众却仍然支持死刑,这是因为民众对司法完全不受社会控制的担心超过了对司法的不信任感。刘涌、李昌奎等人的所作所为已经侵犯了公众的良心,在民众的心里已经对他们作出了死刑的判决。所以当法院给出了不同的判决结果时,民众对于司法的心理底线便被突破了:司法出错可以对司法加强监督,但是司法如果不受控制就彻底脱轨了。根据卢曼的分析,作为一种对抗事实的期望的稳定化形式,法律系统具有规范上的闭合性。但是,为了应对来自社会环境的各种复杂状况,法律系统在认知上必须是开放的,从而确保法律系统的连续性和适应性。"规范上的闭合性"在法律系统内部代表系统自身,"认知上的开放性"在法律系统内部代表系统的环境。"如果人们要分析一下规范性期望与认知(审理)性期望的联系,亦即自我参照与外部参照的联系,就必须回到二阶观察层面上,即提出这样的问题:期望是如何被期望的? ……一方面人们可以规范地期望规范性期望应该被坚持并且得到贯彻,全社会对法律系统的支持主要取决于是否能够做到这一点。但是另一方面人们也可以期望,规范性期望能够保持学习适应能力,也就是说能够认知(审理)联系中(例如可以看一下法律应用出现的后果)有所变动,即使(从三阶观察来看)也许并不应该变动。"①

"规范上的闭合性"和"认知上的开放性"之间的协作也体现在司法的过程之中。一方面法律系统通过规则化、程序化构造了一个闭

①　［德］尼古拉斯·卢曼:《社会的法律》,郑伊倩译,人民出版社 2009 年版,第 39—40 页。

合性的体系,在这个体系中存在着固有的逻辑。什么样的事实能够纳入法律的视野中、这些事实又会产生何种效力都是由法律系统自身决定的,比如在认定犯罪嫌疑人罪与非罪的时候,只有诸如犯罪嫌疑人的主观恶意、年龄等特定的事项才是有意义的,其他的事项可能在宗教系统(比如说自杀)或者道德系统(比如说作为一个孝子)看来是有重要意义的,但是对于法律系统而言却不会产生任何影响。另一方面,法律系统并非与环境完全隔离,而是需要在持续不断地维持自身功能的同时回应来自环境的各种需求。一是法律系统"认知上的开放性"有助于查明事实。因为法律系统只能规定犯罪构成的条件,但是在具体个案中犯罪嫌疑人是否有主观故意、是否造成了社会危害等却无法从法律中寻找,而只能在社会现实中辨识。二是法律系统稳定规范性期望作用的实现不仅体现在法律组织成员对规范性期望的规范性期望上,而且体现在非法律组织成员在日常生活中也会形成对规范性期望的规范性期望。虽然法律可以赋予个人权利和义务,但是判决本身并不能将非法律组织成员规范参与的期望纳入具有法律约束力的判决的前提条件里。因此,法律系统需要通过"认知上的开放性"来实现法律组织成员和非法律组织成员对规范性期望的规范性期望的相互反照,进而达到系统的统一。

(二)对法律确定性问题的重构

1. 形式主义法学视角下的法律确定性及其批判

法律的确定性问题是法学中的一个重要问题,对于它的研究由来已久。从自然法时代对永恒法的追求,到理性法时代对完善的法律体系的构建,法学研究一直在追求确定性的道路上不断探索,这种探索在形式主义法学那里达到了巅峰。

形式主义法学假设法律体系是逻辑自足的,并且每个法律概念都有着明确和清晰的含义。法官在司法过程中能够准确理解和把握法律,并能够排除一切非理性因素的干扰。这种理论允诺并追求司法的绝对确定性。在法律的指引下,法官可以将案件事实高度精确地涵摄于法律规则之下,从而得出唯一正确的答案。然而,形式主义法学所精心构筑的实现法律确定性的概念王国却受到越来越多的质疑。"法学家(由于开业律师与现实有更多的接触)试图通过刻板的逻辑推论而彻底发展业已确立的原则的逻辑内涵,并据此探寻一种能够使人们在绝对把握的情况下详尽地预见司法审判的确定性。实际上,这一理想根本就是不可能实现的;对此,我们只需要考虑一个原因就足够了,即社会生活的各种情势乃是持续变化的,而且不可预见的情形也会不断发生,所以它不仅要求我们对法律律令不断地作出调整和调适,而且也要求我们在适用法律律令的时候加以变化。"①哈特指出:"在概念的边缘地带或曰灰色地带,概念的所指会变得非常不确定。为了使用包含一般化分类语汇的传播形式来传达事实情况,边界地带的不确定性是我们必须要付出的代价。"②卢埃林认为:法律是不断变化的规则;它不仅包括"书面规则"(paper rules),而且应包括"现实规则"(real rules);后者是更重要的部分。书面规则仅仅告诉人们应该做何种行为,但人们实际上如何行动并不完全符合书面规则,书面规则是不确定的。由此,在法律确定性问题的讨论中,人们的关注点开始从法律文本转向了法官的司法行为。埃利希认为,成文法因为立法者的疏忽或情势变更必然存在漏洞,法官应自由探寻活的法律作为补救,主张扩大法官的自由裁量权,允许法官可以根据正义原则和习惯自由地创制法律规则。③

---

① 〔美〕罗斯科·庞德:《法理学》(第一卷),邓正来译,中国政法大学出版社 2004 年版,第 97 页。

② 〔英〕H. L. A. 哈特:《法律的概念》,许家馨、李冠宜译,法律出版社 2006 年版,第 123 页。

③ 参见张文显:《二十世纪西方法哲学思潮研究》,法律出版社 1996 年版,第 131 页。

2.法律确定性背后的正当性焦虑

形式主义法学视角下的法律确定性是绝对的,它的前提预设是:法律拥有永恒的价值基础,因而是自足的。就这一点而言,以形式主义法学为代表的理性法时代和自然法时代其实并没有本质上的区别,只不过自然法时代实现这一确定性承诺的基础是超验的(即因为"我"是法律所以必须相信"我"),而理性法时代则依赖于对严守法律和社会进步之间保持着天然的高度契合性的假设(即因为"我"代表社会进步所以必须相信"我")。

在理性法时代,虽然法律不再像自然法时代那样拥有超验的价值基础,但是人们却对社会不断向前进步保持着极大的乐观态度,而且坚信只要建立一个完善的法律体系就能够促进社会的进步。然而随着时代的变迁,法律在这两个方面都遭遇到了挑战。其一,在风险社会到来之后,人们对于生活世界是否会越来越好,每天可能会面临怎样的新状况都不再那么确定。因此,在今天要求以毋庸置疑的价值基础来进行合法性确认几乎已经变得不可能了。即使理性主义者也不得不在现实的当下保证未来,即通过特定的诉讼程序来实现有可能会在某个时刻达成一种对结果的一致意见。但是,这也仅仅是一种暂时性的观点,因为它本身还要经受一系列问题的考验,包括:诉讼程序是否得到了很好的贯彻,这些程序能否满足人们寄予的期望等。其二,法律体系的完善和社会进步之间也不再保持高度的一致性。按照边沁的理论,社会成员都是理性人,在每个人都争取到自己的最大利益时,社会的总体利益也就达到了最大。由于法律是保护个人权利的,因而法律对社会也有着积极的作用。但是在现代社会中,法律所保护的利益却不断和社会的公共利益发生冲突。在一个劳动力过剩、劳动者缺乏讨价还价能力的市场里,劳动者和雇主签订的雇佣合同只是一种表面上的自由交易,实际上根本无法保护劳动者自由选择的权利。

现实主义法学、批判法学、实用主义法学等学派对于形式主义法学的批判，不仅仅源于对法律确定性的怀疑，这种怀疑的背后实际上反映了人们对于法律正当性基础的焦虑，同时也折射出了现代法律的深层危机。其一，法律失去了持久稳定的合法性基础，必须在各种不确定性中不断寻找一种暂时的合法性。其二，也是更为重要的一点，和以往不同，法律系统要维持自身的存在，面对的不再是单向度的要求。过于封闭或者过于开放，都可能使其归于终结，因此法律系统必须在封闭性和开放性之间寻求一种平衡。在法学理论研究中，有许多争论不休的问题都可以看作是对上述问题的另一种表述，比如事实和规范之间的紧张关系、法律的稳定性和变化性之间的协调等。因此，法律确定性的含义并不是一成不变的，对它的理解是有时间性的，在不同的时代、不同的法律观之下，对于法律确定性的认知和实现路径都是不同的。这也解释了为什么现代相较于古代有着更完善的立法体系和法律解释技术，但是法律的确定性却越来越受到质疑。在围绕着司法和民意关系的讨论中，面对专业主义的司法审判与一般大众的"法感"之间的紧张关系，对于法律确定性的重塑才是最为关键和紧迫的问题，因为只有这样，才能呈现出司法运行系统的真实样貌，才有可能在司法裁判过程中做到进退有度。而无论是试图通过司法职业化恪守司法专业主义判断的独立秉性，还是简单地迎合民意，让公众舆论直接替代法官的专业判断，显然都没有切中问题的要害。

3.卢曼系统论视角下的法律确定性

卢曼的系统理论确立了一种"大法律"的视野。在卢曼看来，对于系统包括法律系统来说，最重要的是交往。只要是通过"合法/不合法"这种二元代码进行的交往都被视作法律系统的一部分。这意味着，其一，法律系统的运作不以法律规范的存在为前提。法律交往在法律规范产生之前便已经存在，法律规范只是法律系统进化的一个结果。法律的确定性承诺并不是通过一个事先确定的法律文本而是通过法律系统的运作得以实现的。其二,在交往中是否使用"合法/不合法"的二元代码是判定其是否可以被归入法律系统的唯一标准,而不论交往的主体是不是法律组织成员。这意味着非法律组织成员也可能被纳入法律系统。因此,在研究法律确定性的问题上,"大法律"的视野开放出两个向度:一是法律规范转向司法行为(区别于法律规范论);二是从法律组织成员转向非法律组织成员(区别于法律职业共同体论)。

在第一个向度上,美国大法官霍姆斯以实用主义为理论指导,提出"法律不是逻辑,而是经验",并提出了著名的"预测理论"(the prediction theory)。其主要内容是:法律是对法官在审判案件时将如何行为的预测,它既包括律师对法官行为的预测,也包括下级法院的法官对上级法院的法官行为的预测。美国法学家卢埃林进一步发展了"预测理论"。他不仅指出法律的确定性意味着司法行为的可预测性,而且探究了实现这种可预测性即司法行为和判决结果可估量性的方法。在卢埃林看来,司法判决的可估量性是指一种合理的恒常性,即法院判决的连续性。除了法律形式主义所强调的法律规则以外,法律方法和司法直觉也是保证法院判决连续性的重要手段。美国法学家理查德·A. 波斯纳(Richard A. Posner)在上述理论的基础上提出了"法律活动理论"。他把法律理解为活动亦即法官探究解决纠纷方法的活动,法律只是尝试解决问题的特定程序或步骤,经由这样一个程序所得到的解决方案是可错的、有待检验的,那么经受住有用性检验的解决方案对于特定案件来说可以是确定的,但是对于人类认识的无限性而言,法律又是不确定的。基于对法律的这种理解,波斯纳洞见到两点:第一,法律并没有唯一正确的答案;第二,法律可争议的问题应当是可证明或可证伪的,最后得出的结果应当是根据相关事实和分析可以被检验的。面对形式主义法学退却之后留下的法律不确定性的困境,波斯纳提出了一种通过对司法活动的效果进行预期的路径,从而提供某种程度上的确定性。

　　在第二个向度上,实用主义法学秉持着这样一种司法哲学:意义和确定性都是语境的构建,一方面语境在司法运行过程中创造了规则,另一方面规则的运行则会受到语境的约束。法律的确定性存在于司法运行系统与生活世界的互动之中。司法运行系统深嵌于社会生活之中,依赖于生活世界赋予它确定性和意义。于是,法律的确定性不再依赖于形式主义法学"司法自动售货机"式的想象,而是体现在对司法判决形成前后一致的可预见性之上。其中也隐含着一种研究视角的转换,即从法律本身转向了民众对法律的想象。"在那些利益受到法律影响的人们的事务中,一旦进入诉讼,如果根据法律规则产生的结果与现实生活规范相一致,那么,法律规则就提供了确定性。因此,对那些其利益受到法律影响的人们而言,最为重要的法律确定性依赖于法官是否能够使得法律规则的语义变化的方向与程度跟得上现实生活情境中的相应变化。"[①]从民众的视角出发意味着对于法律确定性而言,司法独立、法官中立这些理念固然重要,但更重要的是这些理念要以一种民众看得见的方式呈现;基于"裁判规范""法律事实"和"直接或间接证据"之上的司法逻辑推理固然也重要,但是伦理道德、情感、信念这些大众观念也同样需要以恰当的方式引入司法系统。正如美国法理学家理查德·K.舍温(Richard K. Sherwin)所言:"真实的法律问题和争议会促成大众法律表达的形成,一如大众法律表达会推动真实法律问题和案件结果的形成。"[②]

---

①　Karl N. Llewellyn, *The Case Law System in America*, Paul Gewirtz (ed.), Michael Ansaldi(trans.), University of Chicago Press, 1989, p. 83.

②　Richard K. Sherwin, *When Law Goes Pop*: *The Vanishing Line Between Law and Popular Culture*, University of Chicago Press, 2000, p. 5. 转引自[美]萨拉特编:《布莱克维尔法律与社会指南》,高鸿钧等译,北京大学出版社 2011 年版,第 101 页。

第二节　媒体作用于影响性诉讼案件的负面效果

一、影响司法公正

司法是人类用以定纷止争、惩罚犯罪的手段，也是当人们自身追求的价值目标与个体行为能力的有限性发生不可调和的矛盾和冲突时，人们所作出的最后选择。其中，司法公正以其所关注的内容与对人类的影响和价值，成为司法制度永恒的生命基础和社会制度的首要价值。第一，公正与司法本质上存在着密切的联系。社会利益分配不公导致社会冲突，司法作为解决社会冲突最有效、最权威的机制，要想通过正当手段矫正、消除社会冲突，恢复被破坏的正义，必然要求司法本身具有公正性。第二，司法公正是实现法治的重要条件。只有司法公正，才能使得本身制定良好的法律得到普遍的遵守和执行，并被社会大多数成员所接受，在社会民众中树立法律权威，使民众从内心自发地相信法律，严格守法。第三，司法公正是维持社会秩序的重要措施。司法公正通过一定的司法程序，使得双方在法庭上平等辩论和陈述，由法院作出公正的判决，避免矛盾和冲突进一步深化，起到社会"安全阀"和"消气阀"的作用。

近年来，我国新闻记者"无冕之王"的影响力日益凸显，新闻媒体在社会中的影响也逐渐扩大，社会中流传着这样的话："法院不如电视台管用""不怕上告，就怕见报""十年上访不如一朝采访"。某些具有重大影响力的新闻媒体，比如中央电视台的《焦点访谈》节目更是许多民众心中实现公平正义的法庭："只要一上焦点访谈，就可以解决问题。"媒体对法官的批评往往可以起到相当的震慑作用，发挥着防止司法腐败、舆论监督的制度性功能。但是,正如托克维尔所言:"报刊是把善与恶混在一起的一种奇特的力量,没有它自由就不能存在,而有了它秩序才得以维持……为了能够享受出版自由提供的莫大好处,必须忍受它所造成的不可避免的痛苦。"新闻媒体具有一种先天的内在矛盾:一方面,传媒的本性决定了它必须寻找广泛的受众市场和经济效应,而不是单纯追求司法公正;另一方面,其传播对象和影响因子的不确定性可能在传播的实际效果上聚集多种社会力量,使结果具有不可预期性。这就产生了本可单纯纳入司法程序的、在法律上并不复杂的案件经传媒的渲染而变成一个左右司法的社会性事件的可能性。虽然大众传媒也在试图扮演维护正义、扶植弱者、保护公序良俗的角色,但这一初衷在很大程度上是出于道德上的朴素正义观,与现代法治所追求的恪守规则的正义观存在一定的差距。因而媒体在发挥着舆论监督作用的同时,也和法院之间存在着紧张关系,主要体现在以下两个方面:

第一,无界限的新闻自由可能损害公平审判的原则。新闻自由实质上关系到公民的言论自由和知情权等基本权利,而公平审判的核心则是被告受公平审判的权利。两种权利都是公民的基本权利,对公民而言同样珍贵。媒体与法院作为保障这两种基本权利实现的最主要机构,由于各自的特性不同,职责不同、规律不同,对社会正义的基准不同,导致了公开报道与公平审判之间的冲突与矛盾。新闻媒体往往采取一种双重"取悦"的立场和态度:一方面,要将一部分可以为公众所接受的,并不过分的案件推入公众的视线,引发争议,赢得传播市场的更多席位,因为在现代社会,媒体之间需要在社会新闻的爆炸性与突出性方面相互角逐,以赢得更大的市场关注与经济利益;另一方面,谨慎筛选、过滤过激的行为与事件,修饰案件中当事人的角色,使案件在进入公众视线之后有转机和更改的机会,有妥善处置的空间。这一系列目的与意图都可能会直接导致这些案件本身对事实真相与法律适用的扭曲。这些案件必须符合各方面传播要求才能进入公众的视线，而为了满足各方面的条件，被选中的诉讼案件往往很难再呈现出它本来的样貌，很难再以一种原初的方式进入最应当进入的司法程序中。而法院一贯保守谨慎、自我克制，注重审判活动的独立性、程序性及严肃性，要求严格按照法律规定审理案件、作出裁判，追求的是法律意义上的公正。

媒体对被告公平审判权利的侵害主要体现在审前程序进行之前对案件的公开报道和评论上。在审前程序中，媒体和司法的侧重点不同，媒体关注的是案件本身的新颖性和新闻的时效性，而司法则侧重证据的收集及开庭工作的准备。媒体在审前对案件及被告的大量倾向性报道，极易扭曲事件的本来面目，可能对法官及陪审员的判断产生影响，使得被告受公平审判的权利无法得到保障。

第二，新闻媒体的开放性报道可能侵犯当事人的隐私权。隐私权是为了个人空间不被外界任意侵入、个人信息不为他人随意知悉，与公共利益进行博弈后而对外封闭的一种权利。随着媒体在社会生活中的作用日益增大，司法也成为媒体"蚕食"的对象。许多媒体并不是真正关心司法改革和审判公正，而是一味追求新闻报道的社会效应及经济利益。在现代社会，新闻媒体为了吸引公众的注意，迎合一部分公众的猎奇、窥视心理，无所不用其极，不惜采用偷拍、偷录等不当方式获取素材，置涉案当事人的隐私权于不顾，极易造成对被报道对象私人空间的侵入，严重时会侵害其隐私权。在司法审判的过程中，有可能构成对隐私权侵犯的行为主要有以下几种：一是庭审直播行为，通过电视和网络将当事人及利害关系人的情况暴露在公众面前，一些基本个人信息的公开极有可能对隐私权造成一定程度的侵害；二是裁判文书的网络公布行为，裁判文书中对当事人及利害关系人的基本信息、被害人陈述、被告供述、证人证言等都进行了介绍，网络公布裁判文书，有可能侵害当事人及利害关系人的隐私权。

二、我国媒体和司法冲突的根源

传媒与司法的关系是现代法治社会中一个恒久不变的话题。正如美国联邦最高法院的布莱克大法官所言:"言论自由和公平审判是我们文明中两种最为珍贵的权利,实在难以取舍。"在舆论监督司法的现状下,传媒与司法的矛盾和冲突不可避免。由于大众媒介对舆论的形成会产生影响,基于拟态环境理论可知,媒体报道的客观性只能是相对的,换言之,哪些新闻会被纳入媒体的视野是可以选择的。在塑造媒体议程方面,有三个因素至关重要:一是新闻规范;二是其他新闻媒体;三是新闻源。① 这三个因素为梳理当前我国媒体和司法冲突的根源提供了有益的视角。

第一,从新闻源的角度出发,片面追求报道的收视率、阅读量,影响了媒体报道的客观性。从影响性诉讼案件中可以发现,如果犯罪的原因更易使人产生同情心、案件背后折射出的社会矛盾更为尖锐、加害人与被害人双方的力量对比过于悬殊,那么就更容易吸引民众的眼球,就会成为媒体报道的焦点。为了迎合民意关注特殊性的心理,媒体在对案件事实作报道时不仅会采用文学叙事的手法对相关问题进行渲染,而且会对与案件相关但对定罪量刑没有实质影响的事实作突出报道。此外,媒体有时为了追求报道的及时性,在其并没有完全掌握案件事实的情况下就进行评论性的报道,这不仅违背媒体进行报道时必须坚持的客观性原则,而且极易误导民意,导致民意与刑事司法机关的关系更加紧张。而司法个案信息的获知渠道不通

---

① 参见[美]马克斯韦尔·麦库姆斯:《议程设置:大众媒介与舆论》,北京大学出版社 2010 年版,第 99—100 页。

畅则影响了媒体报道的客观性。[①] 与外国相比,我国司法信息的获知渠道很少,这不利于媒体坚持报道客观性原则。

第二,媒体的报道在很大程度上会受到其他媒体报道的影响。当前我国媒体的政治色彩、部门色彩、地方色彩极浓,在利益冲突中,往往会制造有利于本部门、本地方利益的舆论,对司法机关施加压力。在对司法活动进行报道的过程中,普遍存在跟风报道的问题,缺乏多视角的平衡报道。

第三,在新闻报道规范方面,目前,我国法律中没有任何规定可以调整传媒对司法公正的影响,这种调整基本是通过"宣传口径"和"宣传纪律"实现的,其强制力和操作性都比较差,而且不够稳定。一般来说,如果法院认为新闻机构和记者对法庭比较配合,其报道对审判不会产生负面效果,法庭的管理尺度会"宽",反之则"严"。由于规则宽严度的把握完全在于法院对现实情况的判断,因而具有一定的随意性,很难做到客观公正,而且在正当性上很难获得媒体的认同。

---

① 《新京报》女记者孔璞和《南方人物周刊》记者卫毅在巴东县野三关镇采访邓玉娇的外婆时,被当地不明身份的人围攻殴打,并被强制写下"未经当地批准不得擅自到此采访"的书面材料,采访获得的录音及照片也被强行删除。当地政府还以"防雷击"为由,截断巴东县野三关镇全镇的电视广播,宽带上网亦被中断,并且中断连接宜昌至巴东的长江航运,所有长江船只不能停靠巴东港。巴东县广布便衣公安,严查车站、码头等有外地人进出点,并以"打击违法犯罪,整顿治安环境"为由,把市内的外地人全部送到特定宾馆监视。参见《记者采访邓玉娇案遭围殴,被强制写下书面材料》,新华网 http://news. xinhuanet. com/newmedia/2009-05/29/content_11451651. htm,最后访问日期 2011 年 5 月 29 日;《邓玉娇案总回顾:被称为标本展示底层社会生态》,新浪网 http://news. sina. com. cn/c/sd/2009-06-24/161718086020. shtml,最后访问日期 2011 年 6 月 24 日。

第三节　为政者作用于影响性诉讼案件的负面效果

一、破坏司法独立

民意绑架司法、舆论审判都把民意介入司法的危害指向了破坏司法独立。如果把"民意介入司法，破坏司法独立"做狭义的理解，即民意介入司法直接导致司法不独立的危害性后果，那么这种说法实际上并不成立。其一，民众无法直接对司法进行干预，民众没有直接改变司法判决的制度性渠道。在影响性诉讼案件中，环境因素的作用体现在两个阶段：一是普通案件转变为影响性诉讼案件的过程；二是在司法场域中对法律决定权的争夺过程。民众只是在第一个阶段起着决定性的作用，而在真正决定案件结果的第二个阶段，为政者往往起着更为关键的作用。按照影响性诉讼案件中环境因素作用对司法运行系统的影响模式，民众对司法的影响只能通过间接的方式进行。其二，按照欧文·M.费斯的分类，司法独立包括三种形式或者说三个层次。司法独立的第一种形式是相对于当事人而言的，涉及庭审中法官和当事人之间的关系。它要求法官不能和当事人有亲缘关系，不能被当事人以任何方式控制和影响。司法独立的第二种形式是相对于法官的自主性而言的，涉及法官和司法系统其他成员的关系。它要求法官在司法审判过程中不受其所在机构施加压力的限制。司法独立的第三种形式是相对于公权力而言的，涉及司法和政治影响的关系。它要求司法独立于由公众控制的政府部门，具体指行政和立法机关。[①] 在司法独立的三个层次中,第一个层次主要针对私权利,在我国是有具体的制度保障的,而后两个层次则缺乏完善的制度保障。具体来说,在司法独立的第二个层次上,我国并不承认法官个体意义上的独立;而在第三个层次上,虽然《宪法》和一系列政策性文件把政治对司法影响的范围逐渐限制在司法必须遵循党所制定的总的政策路线这一点上,即司法可以排除来自党组织或者其他权力组织的对具体案件应如何处理的指示,但是由于"一般指示"和"个案干预"在实践中难以把握,因而在这个层次上的司法独立实现起来也是有困难的。正是由于后两个层次上的司法独立没有保障,因此在第一个层次上出现的司法不独立情况,也往往是由后两个层次的不独立所导致的。

如果说当民众基于对司法程序的信赖而介入司法时,民众采取的仍然是在司法系统内的一种不服从行为,那么,当民众借助为政者通过对司法资源的支配进而造成司法不独立的情况时,司法系统面临的则是功能异化甚至被消解的危险。而在影响性诉讼案件中,为政者恰恰是被民意裹挟进入司法场域中的,其中的逻辑和弊端可以在对"能动司法"的讨论中清楚地看到。学界对于能动司法存在着不同的解释[②],本书对能动司法的讨论主要限定于政治法理学的层面。在这个层面上,对能动司法比较有代表性表述的是王胜俊归纳出的能动司法的三个显著特征,即服务性、主动性和高效性。在此基础上,江苏省高级人民法院院长公丕祥做了进一步的诠释,"公正与效率"突出了人民司法的法治性,"公正司法、一心为民"既突出了法治性又突出了人民性,"三个至上"则体现了人民司法政治性、法律性和

---

① 参见[美]费斯:《如法所能》,师帅译,中国政法大学出版社 2008 年版,第 75—76 页。

② 参见杨建军:《"司法能动"在中国的展开》,载于《法律科学》2010 年第 1 期,第 55—57 页。

人民性的有机统一。能动司法理念要求人民法院在坚持公正与效率的法治性的基础之上，更好地体现人民司法的政治性和人民性。概括起来，我国的能动司法具有以下两点内涵。第一，能动司法是一种司法理念。在最高法院的大力倡导下，能动司法被提出之后很快便上升为规定我国司法功能基本形态和指导各级法院审判工作的司法理念层面。作为一种司法理念，能动司法具有一种全局性、长期性和高度的统一性。第二，能动司法强调司法的政治属性，主张政治属性从根本上决定着司法的功能，进而将其视为司法的一种基本性质。在能动司法看来，首先，司法权被视为国家权力的一种表现形式，因而如果缺少了国家权力作为支撑基础，司法权也就失去了自身独立存在的空间；其次，司法权被视为国家权力系统框架中的一个组成部分，这决定了司法权的权力范围和职责内容都要取决于国家权力系统整体的安排；最后，法律被视为国家统治阶级意志的集中体现，以解释和适用法律为主的司法权也必然要体现国家意志。概言之，司法和政治有着紧密的关系，政治既是司法的权力基础，又是其运行依据，因此，在谈到司法的时候不可能抛开政治。这种理论在我国的司法实践中转化为这样一种司法理念，即人民法院的功能归根结底是要服务于党的宗旨，并且由党的根本任务所决定。这便决定了人民法院不能仅单纯地运用法律技术强调法律的专业性。由此，能动司法陷入了政治性司法的困境，它所导致的直接后果便是对司法独立产生不利的影响。其一，由于能动司法否定法官进行角色选择的可能性，所以导致司法对其自身的定位不明确，其功能发挥的途径过多地依赖于国家权力，进而在民众和政府的博弈过程中扮演的角色不够中立。此外，能动司法还导致法律技术和程序的正当化程度不高，这不但不利于对风险的控制，而且加剧了风险系数的提升。所以，实际上能动司法所可能导致的结果是为各种对司法进行干预的行为提供理论支撑，从而使法律受到更多外部力量的干扰。而且在司法实践中,我国的能动司法在一定程度上也满足了一些法院配合政治行动的需求。此外,我们还应该清醒地意识到,虽然经过几十年的努力,我国法律的地位有所提高,但是离法治现代化的目标还有很大的距离。因此,我们现在的司法发展程度还没有达到可以用能动司法来提高法院地位的水平。其二,由于能动司法将政治力量视为确定法官角色的唯一因素,从而加大了在司法过程中对社会目标进行识别的难度。在我们国家,社会目标更多的是作为一些抽象的社会倡导,而在其操作的过程中往往被概括为由各级党政机关所提出的具体要求。所以,在司法与政治关系紧密,且司法机构又具有明显从属性的情况下,如何才能在各级党政机关提出的具体要求里识别出司法所应当追求的社会目标,便成为摆在能动司法面前的一道实践难题。也就是说,对于司法机关而言,如何确定哪些是司法应当服务的"大局",怎样平衡个人权利和社会稳定之间的关系,便成为无法回避而又难以把握的问题。

与为政者在司法场域中的支配地位形成鲜明对比的是,在影响性诉讼案件中,无论是对话语权的争夺还是对正当性的争夺,为政者实际上很少参与其中。但是,凭借着对司法资源的支配地位,为政者却往往对最后的裁判结果起着决定性的作用。因此,最终得到的法律结果是未经充分竞争和验证的,从而导致尽管在影响性诉讼案件中最初会有不同甚至对立的主体、利益、价值和世界观之间的竞争,但是最终的结果却只能指向处于支配地位的力量,即为政者的决定。在普通案件中存在的是一种"控、辩、审"三方制约的诉讼格局。在影响性诉讼案件中,由于司法运行系统之外环境因素的介入,这种格局随之被打破,产生了新的角力主体。民众、媒体和为政者,这些因素单独或者联合对影响性诉讼案件的裁判产生影响作用,从而和原本处于司法场域支配地位的法院争夺法律的决定权。虽然在司法场域中法院凭借着制度优势拥有最后的法律决定权,但是与此同时,场域中其他主体从未停止对法律决定权的争夺。只不过这种争夺是以一种隐蔽的不易觉察的方式在进行。这种争夺体现在两个方面。一是对话语权的争夺。在司法裁判的过程中，各方主体通过塑造各种媒体事实、舆论事实来对抗法律事实，通过对案件罪与非罪的评价对抗法院的裁判权。二是对正当性的争夺。为了证明自己对案件裁决的正当性，各方主体努力寻找用以支撑其观点的正当性资源。在理想状态下，司法场域中各方主体的均衡博弈导致的是不确定的结果，也是最为可取的结果。法律场域的自主化并不意味着唯有相信解读神圣文本的群体会不断地退缩，而是意味着文本和程序与这些文本和程序用来表达或调整的社会现实之间的对抗不断加深。随着支配集团的代表们在社会场域中力量的增加，支配集团在司法场域中的影响也会增加，与此相伴的是司法场域中分化与竞争进一步加深，这有助于培育这种向社会现实的回归。①"一个系统只要它内部具有互相调节的机制，就能维持本系统整体的稳定，这个系统就能在复杂的干扰环境中存在。由于系统所包含的子系统不同，以及系统内部各子系统之间相互调节的作用方式也不同，所以系统保持自己整体稳定的方式是多种多样的，从而表现出系统存在方式的多样性。也就是说，我们可以用系统保持自身稳定的方式的多样性来说明其结构和形态的多样性。必须指出的是，系统稳定性的维持（即某种组织的整体的存在）正是依靠其内部各子系统之间互为因果的交互作用来实现的。"②但是在影响性诉讼案件中，这种向社会现实回归的进程以及各方力量的制衡被两个因素打破：一是司法对民意的对立态度；二是为政者对司法资源的支配。按照波斯纳的观点，法律并没有唯一正

---

①　参见［法］皮埃尔·布迪厄：《法律的力量——迈向司法场域的社会学》，强世功译，《北大法律评论》1999 年第 2 卷第 2 辑，第 544 页。

②　金观涛、刘青峰：《金观涛　刘青峰集——反思·探索·创造》，黑龙江教育出版社 1988 年版，第 19 页。

确的答案,法律可争议的问题应当是可证明或可证伪的,最后得出的结果应当是根据相关事实和分析可以被检验的。为政者对于司法资源的支配导致其一旦介入便意味着判决有了唯一确定的结果,博弈也就此宣告终结。而原本可以对其产生制衡的因素,由于司法与民意的对立,导致民意因素介入司法的正常渠道被封闭,从而只能以非正常的方式介入,即民众给为政者施加压力。而这又进一步强化了为政者的支配地位。如此循环往复,司法系统便始终难以实现独立、有效的运行。

二、对司法职业化改革的反思

自1996年第一次全国审判方式改革工作会议召开以来,司法职业化一度成为中国司法改革的方向。最高人民法院《关于加强法官队伍职业化建设的若干意见》第四条规定:"法官职业化,即法官以行使国家审判权为专门职业,并具备独特的职业意识、职业技能、职业道德和职业地位。"根据这一官方对司法职业化的界定,司法职业化可以被解读为,司法应当由一群具有法律职业知识、法律职业资格和法律职业操守的人所统治,外行不得干预司法。在司法职业化论者的构想中,司法职业化是解决当前中国司法不独立、司法权威不足的一个有效方法:首先,通过法学专业教育培养具有共同价值取向和思维模式的法律专业人才;其次,通过职业资格考试将法律专业人才输入法律职业队伍;最后,通过法律共同体的形成凝结共识,赢得民众信赖。但是,司法职业化的改革结果却显然没有预期的那样美好:"'司法职业化'只是在一定程度上提升了法律职业队伍的专业素养,却并未在根本上改变司法体系自身高度行政化的组织架构,更丝毫未改变司法机制与以党为核心的国家权力体制之间高度咬合的局面。"①有学者进一步指出，所谓司法职业化完全背离了司法改革的初衷，司法改革成为权力导向下的法院自我利益的表达，司法独立不但没有实现，而且由于司法和人民渐行渐远，司法权威也丧失殆尽。②

　　由此，司法民主化被提了出来。司法民主化并非否定司法职业化，而是主张同时推进二者，并通过制度化的方式将民众引入司法过程。在我国司法不独立、法院权威缺失的背景下，司法民主化承载了除对司法职业化的补充和纠偏外更多的功能预期。首先，弥合司法供给和社会需求之间的裂痕。在推进司法职业化的过程中，人们往往专注于对西方"普适价值"的导入和相应的制度设计，却忽视了民众对于这些"普适价值"的接受程度以及民众对于司法的真实需求。其次，切断司法与权力之间的联系。在我国，司法仍然必须服从党治理社会的目的，法律必须服从政治的要求，政治也要借助法律的技术，政治与法律的有机结合，构成我国独特的"政法"概念下的组织机构、权力技术和法律实践。③ 在这种政法传统之下，司法往往很难抵御外部权力的干预。但是随着民众力量的介入，可以对外部权力形成监督和制约，从而有助于消解外部权力对司法的不当干预。最后，分解官僚集团对司法的绝对权力，遏制司法腐败。技术性的官僚作风不仅仅存在于行政部门，而且可能存在于一切大规模的机构，包括法院。因此，职业法官也可能蜕变为职业官僚。以司法职业化为价值取向的司法改革着力于提高法院的地位、扩大法官的权力，但问题是在法官手中的权力扩大后，又如何保证这种权力不被滥用，从而出

---

①　陈端杰：《方向性错误：司法改革的围城之惑》，载于《华中科技大学学报》2009 年第 4 期，第 30 页。

②　参见何兵：《必须打破法官对司法权的垄断》，《南方都市报》2007 年 11 月 3 日 A23 版。

③　强世功：《法制与治理——国家转型中的法律》，中国政法大学出版社 2003 年版，第 123 页。

现司法腐败呢？通过民众监督甚至分享审判权力，无疑可以起到为司法权力"保鲜"的目的。

值得注意的是，虽然司法职业化论者和司法民主化论者对于司法改革的方向问题给出了不同的回答，但是在一点上却有着共同的认识，即中国司法之殇在于审判不独立。前者主张在司法审判领域应大力推行程序主义并采取职业资格考试和法院人财物独立等措施，以实现司法独立。后者则强调民众更多地参与到司法过程中，从而打破国家支配司法改革的现状。主张司法职业化的代表人物贺卫方在回应对司法职业化改革弊端的批评时曾指出：司法职业化之基本面向应是一个好事物，但司法职业化之理想型未能在中国化为现实应全部归咎为司法独立之未能实现。①而主张司法民主化的代表人物何兵则提出：中国司法的沉疴在于审判不能独立，司法受制于权力。② 由此问题出发，双方分别对司法不独立的根源进行了探究，并据此为司法改革指出了不同的路向。司法职业化论者把司法运行系统以外的一切干预力量均视为司法独立的威胁，其应对策略是通过程序和制度将司法运行系统和外部干预力量相隔离。司法民主化论者认为司法独立的真正威胁是"官僚集团、资本集团以及形形色色的强势群体"③。这意味着可能侵害司法独立的主体不仅仅来自司法运行系统的外部，而且来自系统内部的官僚化的法官群体。其应对的策略是让民意制度化地进入司法的审判过程，实现法官职业化与司法民主化的制度结合。④

---

① 参见贺卫方：《司法改革的难题与出路》，《南方周末》2008 年 9 月 18 日评论版。

② 参见何兵：《司法民主化是个伪命题？》，《经济观察报》2008 年 8 月 25 日第 42 版。

③ 同上。

④ 参见何兵：《司法职业化与民主化》，载于《法学研究》2005 年第 4 期，第 100—113 页。

尽管司法职业化和司法民主化的争论还在继续,但是在司法不独立根源的探究上,笔者认为司法民主化论者的研究是更符合当下中国现实的。因为司法职业化论者实际上是把司法独立作为司法改革的前提看待的,因而其对司法独立问题的研究完全是从应然角度出发的。更为重要的是,其忽视了司法独立背后所需要的制度支持和程序保障正是目前中国所缺乏的。尽管随着社会的变革,中国逐渐从熟人社会转向了陌生人社会,但是在过去差序格局社会中所形成的"讲人情""拉关系"的思想已经转化为一种文化基因,在无形中支配着人们当下的行为。"中国的制度体系是把陌生人的社会变为熟人社会,如单位体制,如拉关系、认老乡、送礼(送礼打破了功能关系这个障碍),把功能性的社会关系变为情感关系。制度还在,但关系变了,制度成为一种形式的东西……社会力量的互动不是引向制度化的轨道去,而是消解在突生的互动情境中,社会运动往往不易产生新的制度。在这种意义上,国家往往构成了唯一的普遍性的力量,至少在形式上是如此。"①同时,从法律文化的角度来讲,在程序正义的文化传统下,司法的正当性体现在程序的良好运行上,因此对决策者最大的要求是保持超然和独立;而在实质正义的文化传统下,司法的正当性体现在对正确目标的识别上,决策者主要被期待的是得出一个正确的结论。在两种不同的文化传统下,司法独立的重要性和可能实现的程度也是不同的。因此,为了提高司法权威,强调司法独立固然重要,但是,像司法职业化论者那样,在完全抽象的意义上谈所谓法官超然、独立的地位,只能是一种法律人的自说自话。与之相比,司法民主化论者着眼于权力制衡,无疑是更务实也更为切中司法独立问题要害的。针对为政者在司法场域中的支配地位,如何发挥

---

①　李金:《从国家与民间力量的关系看中国社会的整合问题》,载于《探索》2000 年第 3 期,第 85 页。

民众对为政者的制衡作用,的确是值得探究的。这是因为:为政者可以消解司法场域中其他主体的力量,虽然民众也会受到这种影响,但是相较于法院和媒体,其受到的影响是最小的。第一,法院和媒体都与为政者存在着一定程度的依附关系,而民众却相对独立。第二,法院和媒体有较为明确的利益诉求,容易被为政者识别,而民众的利益诉求较为分散,不易被识别。所以,民众可以被误导,但是却不能被收买。

第六章　司法运行系统封闭性和开放性的协调关系

　　卢曼的系统理论强调法律和社会的互动，这种互动过程实际上也是不断界定和稳定司法运行系统和环境边界的过程。通过对环境因素作用于影响性诉讼案件的过程及其负面效果的考察，有助于我们更好地认识环境因素作用于司法运行系统的限度。为了消除民意对司法权威的不利影响，需要在司法中通过更多制度化的方式吸纳民意，慎重甄别和引导民意，以及正确识别民众和司法冲突背后的根源。而针对为政者对司法独立的不利影响，需要发挥民众对为政者的制衡作用。然而，问题并没有到此结束。在司法运行系统中，如何发挥民众对为政者的制衡作用、如何用制度化的方式吸纳民意，这两个问题又涉及现代司法所面临的困境：一方面要维持司法体系的自洽性；另一方面又不得不考虑民众诉求等法律之外的因素。从系统理论的角度来讲，就是如何处理司法运行系统封闭性和开放性的关系。

　　一方面，民众对于法律确定性的追求说明了司法运行系统的开放需要以封闭性为前提，但是这种封闭性绝非形式主义法学意义上的法律真空状态，而是对于司法活动的一种期待可能性。另一方面，当前我国司法权威的缺失、司法职业化改革的弊端则说明了司法运行系统向外部环境保持开放的重要性。概言之，司法运行系统的开放性需要以封闭性为前提,而司法运行系统的封闭性则要通过开放性加以保障。

第一节　司法运行系统的封闭性

如前所述,不同于自然法时代和理性法时代对于法律确定性的理解,在卢曼的系统理论视角下,系统的存在即封闭性是以自身和环境的差异化为前提的,实现法律确定性承诺的过程实际上也是不断界定和稳定司法运行系统和环境边界的过程。由此,为我们在对法律确定性问题的认识上开放出了两个重要的向度:一是从法律规范转向司法行为;二是从法律组织成员转向非法律组织成员(民众)。法律的确定性不仅体现在法律条文的确定性上,而且体现在对司法运行行为的可预期性上;不仅体现在法律体系的自成一体性上,而且体现在民众对法律的规范性期望上。在司法运行系统中,随着司法理论领域对法律确定性问题认识的更新,司法实践领域也应该形成一套与之相适应的机制。

一、制约司法裁判的非规则性因素

(一)以司法行为为面向的研究

再次回顾本书绪论中提到的李昌奎案。在该案的二审和再审判决中,同一个法院依据同样的法律事实、同样的法律条文,得到的却是不同的判决结果。显然,在该案的审判过程中,法官所依据的已经不仅仅是规则和专业性的技术,一些与规则甚至与法律无关的因素对法官的最终判决起到了至关重要的作用,而这些因素恰恰是被形式主义法学的研究视野排除在外的。这导致了两个结果。一是法官自由裁量的余地过大。在法律规则成为"皇帝的新衣"时,法官随时可能打破规则对其施加限制。但是由于形式主义法学封闭了对判决结果起到重要作用的非规则因素和非技术性因素进行公开讨论的可能性,进而封闭了对这些因素进行系统化和理性化处理的可能性,从而使法官在判决过程中的任意性增加。二是司法判决的不确定性增大。如前所述,卢曼的系统理论重构了对法律确定性的理解,把对法律的确定性承诺从规则的确定性转向了司法运行行为的可预期性上。这意味着,对于民众而言,仅有明确的法律条文并不能保证法律的确定性,只有当法官的裁判行为和判决结果是可预测的时候,法律的确定性才得以实现。所以,当对司法过程产生重要作用的因素被排除于民众的视野之外时,必然会使民众感到司法行为、判决结果的不可预测性和法律的不确定性。因此,为了实现法律的确定性承诺,需要我们认真看待对法官司法裁判产生实际影响的非规则性因素,并且通过对这些因素的理性批判以及在此基础上的制度构建,提高司法行为和判决结果的可预测性。

围绕着影响司法行为的非规则性因素,许多学者在法官群体心理、司法制度和外部环境等层面展开了研究。在美国法学家卡尔·N.卢埃林看来,法院司法判决的可预测性依赖于一系列的制度性因素,包括法官的社会化、角色认知和态度等。另外,法律传统技艺、司法方法、宏大风格和情境感等则构成了司法裁判的内在约束。[①] 布莱克则提出了"法律量"的概念,即施加于个人或者群体的政府权威的数量,并把它作为预测并且解释法官处理案件方法的标准。双方当事人社会地位的高低、律师社会地位的高低以及各方的说话方式等

---

① 参见周国兴:《寻求现实的确定性——卢埃林现实主义法律理论研究》,吉林大学 2011 年博士学位论文,第 63—86 页。

都可能影响案件的法律量。① 弗里德曼也曾经揭示社会力量对于司法行为的影响。他指出,从个案或者短期来看,似乎只有程序规则、法律的逻辑、律师的技巧、法院的仪式对法官审判行为起决定作用。但是,从长期来看,真正对法官的判决起决定作用的是法官个人的价值观、对某个问题的态度和具体社会情况等社会势力。②

(二)法官及其群体的自利动机

研究这些司法裁判中的非规则性因素,为我们更好地规制和预测司法行为提供了一种可能性。然而,这种研究进路的真正价值还在于为我们提供了一个更为真实的法官形象。它预设的法官形象既非宣誓神谕、不食人间烟火的半神人,也非无视法律、一意孤行的独裁者,而是一个有着自利动机的理性人。因此,对于法官个人及其群体不应抱有过于美好的想象和过高的期待,他/她仅仅是特定制度中的一个理性人,他/她会根据外部环境的影响作出最有利于自己的策略选择,而这一点在我国的司法理论和实践中却常常被忽略。

按照司法职业化论者的规划,司法职业化是通过将大批受过法学教育、有着共同价值观念和思维模式的法律专业人才输送进法院,然后再由这些人将法律理念渗透进日常审判工作中,进而最终实现司法审判行为的职业化。然而,从目前的司法审判的实践来看,司法职业化进程远没有达到预期的效果。那些当初被寄予厚望的法律知识精英,不得不面对"我们已经完全变成,二十岁的时候我们与之抗争的东西"这样一种被体制同化的命运。对此,我们不应过于责怪这些法律人没有勇气或者不够勇敢,因为也许从一开始我们就错误地

---

① 参见[美]唐·布莱克:《社会学视野中的司法》,郭星华等译,法律出版社 2002 年版,第 12 页。

② 参见[美]弗里德曼:《法律制度——从社会科学角度观察》,李琼英、林欣译,中国政法大学出版社 1994 年版,第 195 页。

对其抱有了不切实际的过高的期待。这种过高期待一方面导致改革之初对法官群体过度信赖，对于权力导向下法院的自我利益表达并未引起足够的警惕。有学者在评析聂树斌案时对司法职业化进行了反思："这些年司法改革的根本性错误在于，司法改革在部分学者的错误引导下，在法官群体的有意推动下，走上了所谓职业化的路线，司法与人民渐行渐远，人民失去了对司法权的最终控制。司法职业化努力并没有带来人们所想象的廉洁、公正的司法，相反，一个维护自身利益胜于维护社会正义的法官群体正在形成。"①有学者在揭示中国转型过程中出现显性制度和隐性制度并存现象时也指出了司法职业化遇到挫折的症结，"由于没有有效的制约（双重秩序也为人们逃避规范提供了空间），很容易造成对各种社会资源的垄断和不择手段的牟利行为的大量出现。双重制度化的格局及其最大动力在于能够给参与人在两种制度空间都带来好处，可以更多地获利。因为某些社会行动者可以采取一种有利于自身利益的标准或规则使自己在不同的社会场域处于更有力的地位"。② 以 20 世纪末第一次展开的全国审判方式改革为例，这次改革以"程序正义"为导向，提出了强化庭审功能、强化当事人的举证责任和强化合议庭职责三个改革重点，并将这些改革措施以立法的方式确定了下来。在 1991 年《民事诉讼法》中明确规定了当事人的举证责任、"谁主张、谁举证"的举证责任分配原则等内容。然而回顾这次改革，其效果却并不尽如人意。在该次改革最核心的证据制度改革中，法官原本负有的查证责任通过举证责任的重新配置被转移到了当事人身上，但是与之相应的当事人及其律师却时至今日都无法获得取证方面的制度保障。究其原

---

①　何兵:《必须打破法官对司法权的垄断》,《南方都市报》2007 年 11 月 3 日 AA05 版。

②　李金:《中国社会转型过程中的制度推进——显性制度化与隐性制度化》,载于《探索》2001 年第 1 期,第 53 页。

因,正是因为法院在面对制度方案时会基于自身的利益考量进行刻意的取舍。确立当事人的举证责任可以减轻法院的工作量和责任,于是大力赞成;但是赋予当事人及其律师取证的权利和途径则可能在一定程度上削减法院的审判权,于是漠然处之。法官及其群体的自利动机不仅引起审判权扩张,进而导致审判方式改革的目的在很大程度上被扭曲,而且也造成许多情况下司法裁判权的主动让渡,从而使"审判合一"的司法原则无法得到真正的实现。这说明司法改革的阻力并不一定都来自外部。

对法官形象的过高期待导致的另一个结果则是当改革遇到障碍时对法官群体过于苛责,对法官态度从最开始部分学者的"哀其不幸,怒其不争",逐渐演化为全社会公开的斥责和批判,于是法官无形中成了一切过错的替罪羊。过去在对司法改革进行讨论时,法学理论界和实务界存在着一种默契,即把法官群体视为一个弱势群体。但是,近年来这种情况有所改变,无论是法律学者还是律师界都纷纷把矛头指向了法官群体。孟勤国教授在法学刊物上发表的一篇案例分析文章所引发的法律界内部的争论,以及随后的宋城集团实名举报浙江高级人民法院院长、金华中级人民法院通报"全国首例领导干部干预司法案件"等事件,将法律学者和律师界对法官群体的不满以及法官群体的"委屈"展露无遗。这场争论双方孰是孰非暂且不论,但争论导致的结果却是一定的,即不但进一步弱化了司法权威,而且掩盖了司法改革的真正问题。

(三)司法的官僚化

经过司法改革运动,法院的审判组织发生了一些显著的变化,法院的"审判方式改革"也取得了一定的成效,然而,司法裁判的行政化色彩并没有消除,法官仍然在按照行政层级进行着司法裁判活动。在法官、合议庭难以独立行使审判权的情况下,那些旨在规范法庭审理的诉讼制度和司法原则也往往失去了实际的意义。面对这种困境，仅仅研究制度的理想状态，将现有的制度与理想状态相对照是不够的。我们还必须反思"审判方式改革"和"证据立法运动"等究竟是否有实施的现实基础，研究制度与现实存在的相互制约关系，并设想一种有利于推进现实向理想状态发展的制度体系。正如达玛什卡在论及程序移植问题时提醒我们的："只关注某种程序形式的可欲性而不问这一形式是否兼容于某一特定的司法系统是多么的错误。问题不仅在于我们想要什么样的程序，还在于我们拥有什么样的治理结构。"①

中国司法组织的结构具有科层化的特征。这不仅表现在上级法院和下级法院的关系上，也表现在法院对其内部人员的管理上。其一，在上级和下级法院之间存在着浓厚的行政化倾向，与行政机关上下级之间并没有本质的差别。表面上，上级法院通过制定司法解释或者规范性文件、发布指导性案例、召开审判业务会议、组织法官培训等形式与下级法院建立起业务指导性的联系。② 但是却通过实行错案追究、业绩考评、请示汇报等制度，对下级法院和法官实施各种带有行政管理色彩的控制。其二，在法院内部，司法裁判职能与司法行政管理职能并没有发生实质性的分离，"法官和法院工作人员按照行政机关'官本位'层级模式定级，法官群体因被划分为不同等级而存在上下级隶属关系，院长对副院长、副院长对庭长、庭长对法官是一种领导与被领导、支配与被支配的关系"。③ 在目前的法院管理模式下，任何法官都不得不倚从于庭长、院长甚至审判委员会的审批和

---

① ［美］米尔伊安·R.达玛什卡：《司法和国家权力的多种面孔》，郑戈译，中国政法大学出版社 2015 年版，第 62 页。

② 《最高人民法院印发〈关于规范上下级人民法院审判业务关系的若干意见〉的通知》，载于《司法解释及司法业务文件》2011 年第 16 期，第 42 页。

③ 张文显：《现代性与后现代性之间的中国司法——诉讼社会的中国法院》，载于《现代法学》2014 年第 1 期，第 6 页。

指示,难以在司法裁判方面保持独立自主性。

在这样一种权力的组织形式下,逻辑法条主义往往会更受到权力金字塔的偏爱。"当一个人从遥远的距离、从等级式傲慢的高度上观察现实的时候,他的眼光会变得十分挑剔:近距离观察者无法吸收和把握的更大范围的问题的复杂性在这里可以被一览无余。上报给高层官员——最终决策者——的信息必定已经符合中层官员在审视更大的信息时所必须服从的标准:案件中的事实经过了裁剪,并且按照上级所下达的相关性标准(一种排序标准)进行了井然有序的编排。于是,这样一种带有机械化色彩的决策途径获得了存在的可能性:决策就是把事实同规范联系起来。"①基于此,韦伯把官僚制度和规则统治的行为相等同:韦伯式的官僚指的是被规则管束而丧失了具体案件裁量空间的官员。而正是在规则管束和自由裁量空间的协调问题上,司法陷入了法律教条主义和自由裁量权滥用的两种极端困境。

由司法官僚化引发的另一个问题是责任虚置的问题。第一,通过对任务进行拆分,官僚制度把工作人员和他们要进行的关键的说教过程相隔绝。在当下中国审判实践当中,程序观念面临着异化为"程序的审判权本位"观念的危险。"流程管理和内部'分权'更是将司法过程划分为小块的'责任田',分别有专人负责一定的工作。各个环节如此细碎而紧凑,以至于留给当事人'插足'的余地已经小到可以忽略不计……法官在自己有限的空间内,更多的是考虑如何按时、安全地完成任务。"②第二,官僚制度可能会削弱个人责任。"法官在其判决上签字实际上是向当事人保证他参加了诉讼的全过程并对

---

① [美]米尔伊安·R.达玛什卡:《司法和国家权力的多种面孔》,郑戈译,中国政法大学出版社 2015 年版,第 30 页。

② 吴英姿:《法官角色与司法行为》,中国大百科全书出版社 2008 年版,第 300 页。

判决负有个人责任。这些制度安排使我们能够认可司法权力。"①而当前在我国存在的现象是,司法在履行繁重的审判职责当中,程序主义的司法审判,有时甚至直接转变为一种"走过场"式的"主审法官"职权主义审判,这既体现在庭审的一般过程当中,也体现在合议庭和审委会的合议以及其他过程当中。法官在案件的处理中会对程序进行变通操作,比如任意解释案件受理范围、限制当事人的处分权等。程序最终沦为便利审判权运作、减轻法院负担的工具。由此也让人产生疑虑:法院的签名不过是一种伪装。

为了强化法官的责任,在理念上,一种强调加强对法官审判行为的法律监督的"泛监督哲学"兴起。它从"监督"哲学出发,强调更高行政权威对下级官员的审查、批准、督促和纠正,行政决策偏重于上令下从和垂直领导,其目标在于防止下级官员滥用自由裁量权,避免下级法官员的"腐败"现象;在管理方式上,责任制与案件流程管理或者说"追踪管理"紧密结合在一起,导致程序公正被转化成对审判活动各个环节进行"程序化控制",解释共识被转化成详尽的审判质量指标体系;在审级结构上,不同于西方的金字塔式分级审模式,目前我国的审级结构是一种柱形化结构,其背后的逻辑也是便于国家权力对审判活动的监督和评价;在责任追究制度上,在缺乏程序正义的观念以及相应的制度条件来限制裁量的场合,严格追究过错责任就成为防止任意行使权力的最重要的装置。严格的错案责任制和对审判人员的罚则正是中国法的传统特色之一。②

但是,在"泛监督哲学"理念下推行的责任系统由于无法解决内部监督存在的"谁来监督监督者"的问题,因而只能进一步强化官僚

---

①　[美]费斯:《如法所能》,师帅译,中国政法大学出版社 2008 年版,第85—86 页。

②　季卫东:《中国司法的思维方式及其文化特征》,葛洪义主编:《法律方法与法律思维》(第 3 辑),中国政法大学出版社 2005 年版,第 76 页。

化及其弊端,导致司法审判陷入"合意的贫困化"和"决定的恣意化"循环往复的怪圈。前者表现为民众对判决结果的质疑和抵触、涉诉上访增加、非现实性冲突不断出现等;后者表现为判决结果完全取决于法官的个人决断和现实条件下各方的力量对比。这两个方面相互作用,最终在社会上形成了这样一种逻辑:法官拥有不受法律约束的权力,改变判决结果的一个有效方式就是对法官施加压力。而这种逻辑也体现在影响性诉讼案件当中。在大部分的影响性诉讼案件中都存在着双方当事人身份、地位的悬殊差距,在对这些案件进行审判的过程中,民众往往会产生法院会偏向有权势的一方办权力案、关系案、人情案的猜测。于是,民众通过对案件的积极关注希望给予弱势一方更多的支持,从而给法院施压,进而实现当事人双方在诉讼当中力量的平衡。由此可见,民众之所以会积极关注和形塑特定的案件绝不仅仅是一时兴起,影响性诉讼案件的产生也绝不仅仅是一种偶然,这些现象的出现实际上是有着深层次原因,并受特定逻辑支配的。因此,如果想排除民众等环境因素对司法的不当干涉,不能仅仅停留于对这种干涉本身的批判和斥责,而应该真正消除产生这种现象的根源。"在政治哲学上,克服政治腐败的最有效手段不是叠床架屋地建立'监督机构',而是建立真正的政治民主制度,使得普通公民拥有选任、罢免各级政务官员、民意代表的权力。同样,在司法哲学上,防止法官滥用自由裁量权的最有效途径也不是建立层层审批的行政化决策机制,而是在确保合议庭拥有实质上的独立审判权的前提下,确立通过诉权来约束裁判权的决策机制。"①循着这个思路,在去行政化、去地方化的大方向上,加强对诉讼结构中当事人诉权的保障,让不同利益方进行充分博弈,改变现有问责制度,从而以制度化

---

① 陈瑞华:《司法裁判的行政决策模式——对中国法院"司法行政化"现象的重新考察》,载于《吉林大学社会科学学报》2008年第4期,第141页。

的形式对审判权进行制约,这是一个破解当前司法改革困局的有益举措。

二、民众规范性期望的实践路径

依据卢曼的系统理论,法律系统的运作既具有封闭性又具有开放性,前者依赖于规范性期望的稳定化,后者依赖于认知性期望的实现。对于规范性期望的稳定化而言,明确法律系统的边界、实现法律系统的秩序化固然重要,但是实现民众的规范性期望,即民众对于法律的认知和理解也是必不可少的。因为司法行为的可预测性不只是从法律组织成员的角度出发的,实际更大程度上是从非法律组织成员(民众)的角度出发的。在自然法或者理性法的视角下,法律文本的逻辑自洽性即可保证法律确定性的实现。此时,民众对法律的理解并不重要,法律对民众甚至可以是秘而不宣的,这丝毫不会影响法律的实施效果。在卢曼系统理论的视角下,民众对于法律的理解和对于法律可预测性的感受却构成了实现法律确定性的一个重要方面。民众的规范性期望是从非法律组织成员的视角来看待法律,这一点和认知性期望是相同的,但是二者还是存在着区别。前者立足于法律系统内部,采用的是一种内在视角。后者立足于法律系统外部,采用的是一种外在视角。这意味着对于民众的规范性期望而言,法律系统是封闭的,其运作本身具有天然的正当性,法律组织成员和非法律组织成员在对于法律的认识上是可以达成共识的。而对于认知性期望而言,法律系统则是开放的,系统的正当性也并非不证自明的,法律组织成员和非法律组织成员对于法律的认识是存在着紧张关系甚至冲突的。对于认知性期望的实现而言,最重要的是保持法律系统的开放性,加强系统和环境的互动(这一点会在本章的第二节专门论述);对于民众的规范性期望的实现而言,最重要的则是加强民众对于法律的认知和理解。在影响性诉讼案件中,民众对于法律的预期之所以会和案件的裁判结果产生较大的出入,很大程度上是因为法官裁判所秉持的司法理念和民众所固有的观念存在冲突。这种冲突的产生固然有着社会、文化等深层次的原因,但是部分原因也可以归结于民众对这些司法理念缺乏起码的了解,从而根本谈不上接受。要实现法律的确定性,司法独立、法官中立这些理念固然重要,但更重要的是这些理念要以一种民众看得见和可以理解的方式呈现。

(一)司法公开

在邓玉娇案、李昌奎案、许霆案等影响性诉讼案件中,都会听到这样一种感叹:如果不是有媒体、民众的关注,案件肯定得不到公正的判决。这说明,在我国民众对司法存在着一定程度的信任危机。背负着这种信任危机,如果司法权力再人为地进行信息封锁,那么必将引发法院和民众之间信任关系的彻底破裂。在杨佳袭警案中,法院对于杨佳杀人动机的有意回避、案发后杨佳母亲的神秘消失都使案情变得扑朔迷离。由此杨佳案演绎出许多不同的版本,在其中杨佳被塑造成了快意恩仇的"义士",而在许多人眼中法院对杨佳的死刑判决也成为司法不公的又一例证。在药家鑫案中,一些关于药家鑫是"富二代""官二代"的不实谣言煽动了民众的非理性情绪,对此法院并未能及时有效地澄清这些谣言。最后即使法院作出了迎合民意的判决,但是当民众了解真相后又开始质疑法院的判决。有学者曾提出一个谣言传播的公式: $R \approx \dfrac{i \times a}{c}$ 。其中 R 是指谣言(rumor), i 是指所传谣言对传者的重要程度(importance), a 是指所传谣言的模棱度(ambiguity), c 是指公众对待谣言的批判能力

(critical ability)。① 将这个公式用文字表述就是:公众越认为重要的信息,同时对信息越感到模棱不清,信息传播得越快越广;但公众对信息的批判能力越强,则谣言的传布就越少。由此可见,信息不对称是谣言和想象产生的基础,民众会因其所处的信息劣势地位加重对法院的不满和不信任。因此,在司法过程中只有充分公开信息,法院才能获得舆论的理解与信赖。只有当民众能够低成本、无障碍地从权威渠道获知与案件相关的信息时,网络上对案情的各种不实杜撰才会逐渐对民众丧失吸引力,从而使网络谣言和不当言论失去滋生的土壤。

(二)司法说理

司法说理包括法律解释、法律论证的过程,其书面载体就是司法判决书。法院作为一个既没有"钱袋子",也不掌握"枪杆子"的相对弱势的部门,其作出的判决如何获得公众的认可? 司法判决书正是向公众展示司法审判过程的公正性、司法推理过程的逻辑性以及最终司法判决正当性的重要形式。但是在我们国家,法官在判决书中的说理却并没有得到很好的实现。在李昌奎案的再审判决中,在论及可能对李昌奎生死产生重大影响并且已经得到过二审判决认定的自首情节时,仅仅用"虽有自首情节,但不足以对其从轻处罚"几个字草草带过。其结果是,对无论是否支持判处李昌奎死刑的民众而言,这个法律判决都因其极大的随意性而丧失了正当性。同样的情形也出现在许霆案中。"'许霆案'给大众带来的启示,首先是法律制度的确定性问题。法治社会要求法律规范必须清晰明确,它的制定不能让公民无所适从,但谈何容易呢? 法律条文是用语言构造,必然存在

---

① 参见孟小平:《揭示公共关系的奥秘——舆论学》,中国新闻出版社1989年版,第221—222页。

语言的模糊性。如果法律不能给出明确的概念,本身是模糊的,公众有理由要求司法部门对条文给出更细致的考察、更深入的解读。但在一审判决中,让我感到失望的是,法官的说理却只有七八百字。"①

那么法官为什么不在判决书中详细说理呢?法官为什么会放弃为判决争取正当性的重要途径呢?法官提供的理由归纳起来主要有两点。一是当事人更关心判决的结果,而不在意判决的理由。随着审判方式从追求实体正义到追求程序正义的转变,新旧正当化机制之间出现了内在紧张:过去的司法审判是一种强世功所说的"非法律主义新传统"的"大众司法";"而审判方式改革的措施很大程度上就是删除这种'大众化''常识化'的非法律主义特征,树立程序的重要性……"②这种审判方式前后巨大的反差带来了审判的合法化危机。因此,法官的职业角色无法获得确然的正当性,而必须在职业角色和社会角色的紧张关系中寻求社会的认同。在判决过程中法官必须寻找或者关注判决的合法性来源,从而使其判决具有正当性。当判决的合法性来源并非法律推理或者解释时,法官便会放弃这种做法。二是法官担心过多说理可能被当事人歪曲,成为日后上访的依据。"当代中国政治体系中各种制度结构的角色分化程度尽管较传统中国社会有了很大提高,在国家机构设置和职权范围上有了现代意义上的立法权、司法权、行政权的划分,但这种角色分化程度仍然是有限的。司法权与行政权一样,只是中央集权的一个职能。"③上访往往会使法官面对政法委、纪委、法院监察和纪检的调查,甚至要接受市委、市政府的批评与人大代表的质询,这对于处在政治权力之下的法

① 《法学教授称许霆案重审结果合理,再上诉已无意义》,新浪网 http://news. sina. com. cn/s/1/2008-04-17/025715370838. shtml,最后访问日期 2011 年 4 月 17 日。

② 吴英姿:《法官角色与司法行为》,中国大百科全书出版社 2008 年版,第326 页。

③ 同上,第 308 页。

官来说无疑是一种巨大的压力和风险。由此可见，尽管解释法律是审判权的一项职能，但是当社会和政府部门对法官有其他的角色期待时，法官也很可能会不去解释法律，放弃自己的职业角色。例如在本书第二章第二节中所提及的对药家鑫案的判决中，西安市中级人民法院就对排除适用《刑法》第六十七条缺乏论证。法官在司法判决书中是否说理以及效果如何，并不仅仅是法律技术的问题，其背后还涉及法院和外部力量的较量。因此，要增强司法判决书的说理，单靠提高法官个人对司法说理的重视程度和技术水平是远远不够的，更重要的是通过制度的方式加以保障。第一，法院系统需要通过制度性的激励机制提高法官在判决书中进行说理的积极性。第二，加大裁判文书网上公开的范围和实质化程度，从而通过舆论监督对法官司法说理形成反向激励。①

（三）教育引导

在影响性诉讼案件中，民众通过积极关注和形塑案件，进而形成强大的舆论，这些舆论直接或者间接地对案件裁判产生影响。面对来势汹汹的民意，法院往往在无视民意和迎合民意之间摇摆，缺乏一种一以贯之的应对策略。因此，法院应当积极关注社会舆论，充分掌握舆论形成的规律，主动引导舆论。

---

①　目前裁判文书公开还停留在形式上的公开，表现在判决书在事实认定、争议点评析和裁判理由上仍然模糊、笼统，对于裁判文书是否能反映合议庭争论、审委会讨论等实质性内容也存在争议。值得一提的是，2015 年南京玄武法院在一起对夫妻财产分割法律适用产生较大争议的离婚案件判决书中首次公开合议庭和审委会不同意见，在裁判文书说理充分及实质公开上迈出了重要的一步。判决书中的一段话也让人印象尤为深刻："一段持续 20 多年的婚姻，必有它值得纪念的岁月和存在于各自记忆中的因由。婚姻可以解体，爱情可以不在，但亲情仍可延续。"参见《离婚判决书走红：婚姻可以解体 亲情仍可延续》，中国新闻网 http://www.chinanews.com/sh/2016/01-19/7722806.shtml，最后访问日期 2016 年 1 月 20 日。

　　首先,密切关注舆论,抓住介入的时机。在"李昌奎案"的再审舆论风波中,云南省高级人民法院最初显然对民意的影响估计不足,又不合时宜地在"判死李昌奎"舆论的最高潮期抛出了"公众狂欢论"和"标杆论",从而彻底挑动了民众敏感的神经,将民众最初对于案件本身的质疑转向了对于法院的质疑。随后云南省高级人民法院又作出了被认为是顺应民意的再审判决,但是却担负了伤害法治的恶名。"沉默的螺旋"理论虽然存在着诸多不足,但是它所揭示的人性的弱点却是值得注意的。"对于'公共意见'的定义因此应该这样加以补充:在传统、道德伦理,尤其是规范,这些稳固的领域里,人们如果不想陷于被孤立的境地,就必须公开表达或采纳公共意见中的观点和行为态度。一方面是个体被孤立的恐惧及其具有被接受的需求;另一方面是公众态度成为一种判断权威,从而使个体产生了去适应已经确立的、普遍认可的观点和行为的需要,这种需要又保护已经存在的规则和'价值天空'。"①在影响性诉讼案件中法院应该充分利用这一点,建立科学的舆情收集和监测系统,设立专门的信息收集人员、报告人员和整理人员,赋予他们类似新闻工作者的职能,在相应的机构和部门的领导下,消除信息控制的盲区,在民众公开表达意见的初期、舆论尚未形成时,密切关注舆论,及时对舆论进行引导。对处于萌芽中的纠纷,遏制其蔓延的速度、广度和深度,并建立逐层上报的报告机制。

　　其次,利用制度化的渠道正面回应舆论的质疑。在李昌奎案再审后,面对网络民意和媒体的质疑,云南省高级人民法院副院长田成有无论是通过公开的通气会还是私下接受媒体采访,其发表的言论都有着鲜明的个人色彩,以致最后他也成为网友攻击的对象。这种

---

　　①　[德]伊丽莎白·诺尔-诺依曼:《沉默的螺旋》,董璐译,北京大学出版社2013年版,第64页。

回应舆论的非正式方式的弊端在于缺乏客观性。在舆论的敏感期，法院的一言一行都必须严谨，稍有不慎就可能挑动民众敏感的神经，引发更大的舆论旋涡。面对舆论质疑时，法院需要尽可能地保持客观的形象，发布的信息要真实，所持的立场要明确。这种客观性通过个人是无法实现的，而必须借助制度化的方式，即由专门的人员在专门的时间和场合对外公布信息。因此，有必要建立专门的法院系统新闻发言人制度，案件一旦出现在公众视野中，法院系统就能在第一时间通过新闻发言人向民众梳理其中的法律规范要求，即使不能全面掌握证据与事实，也要利用案例向民众及时宣传相关法律规则与制度的基本规则与内容，使民众尽快寻找到主流的声音而不致迷失在一片混乱的声讨中。同时，司法机关的宣传部门与新闻发言部门应当与大众传媒建立长期合作关系，将影响性诉讼案件作为法治宣传教育的生动教材，将事实真相和法律适用还原给民众，以消除民众对司法权威的质疑与不信任。

再次，对媒体报道加以合理限制。根据美国社会学家大卫·理斯曼（David Riseman）的研究，人类社会共经历了三种历时性的引导类型，即传统引导型、内部引导型和他人引导型。[①] 当代对舆论的引导特征属于他人引导型，大众传播媒介在其中扮演着重要的角色。"公众总是需要从大众媒介或其他信息渠道获得维持心理平衡和生存需要的信息。不论传播者主观上是否意识到在引导，引导实际上始终存在。"[②]媒体的这种舆论引导作用在影响性诉讼案件中也有所体现。在李昌奎案再审程序启动前，腾讯网进行了名为"怎么看李昌奎死缓判决"的民意投票，在法院作出再审决定后，腾讯网又进行了

---

① 参见［美］大卫·理斯曼等：《孤独的人群》，王崑、朱虹译，南京大学出版社 2002 年版，第 6—13 页。

② 陈力丹：《舆论学——舆论导向研究》，中国广播电视出版社 1999 年版，第 190 页。

名为"李昌奎案是否应当进行再审"的民意投票。[①] 媒体通过议程的设置,在影响性诉讼案件中起到的已不仅仅是信息发布的作用,更起到了民意汇集和引导的作用。为了避免媒体借助舆论对司法进行不当干扰,就需要对媒体报道加以限制,我们需要在媒体的言论自由、司法的公正审判(无罪推定原则的适用)和诉讼参与人的人格利益之间寻求一种平衡。这里需要特别注意的是,在我国影响性诉讼案件中,民意影响司法的实际力量来自为政者,而非像美国那样来自媒体。这是因为在我国,媒体一直被为政者当作党和政府的"耳目喉舌",并受到官方力量的约束和管制,这一点在"天津爆炸案"后天津媒体的集体噤声上可以得到印证。因此,在规范媒体舆论对司法干预的问题上,还要对权力对于媒体的控制力量多一分考量。对媒体的法律限制上,应该通过信息渠道的制度化、信息发布对象的平等性等措施保证信息领域的良性竞争,进而保障更多均衡报道的产生。

最后,适时地向民众传输司法理念。一般民众很少有走进法庭、了解法律的机会,而泛泛的法制宣传和法律教育又很难引起民众的兴趣。"国民是否认同规则不能用国民对法律的一般性表态为根据,因为国民并不了解规则的运行会给国民带来什么,只有因事案而与法律发生了直接的接触才会真正了解法律的实态。"[②]在影响性诉讼案件中,民众虽然仅仅是旁观者,但是对案件给予高度的关注并形塑着案件,在这个过程中民众和法律发生了直接的接触,由此导致了双重结果:一方面,民众在形塑案件的过程中形成一定的社会舆论,从

---

① 参见《李昌奎案办案法官:再审看似公正实则伤害法治》,东方网 http://news.eastday.com/c/20110803/u1a6033073.html,最后访问日期 2011 年 8 月 3 日。《李昌奎案再审是更大的恶?》,腾讯网 http://view.news.qq.com/zt2011/lichangkui2/index.htm,最后访问日期 2011 年 8 月 3 日。
② 李洁:《论量刑规范化应当缓行——以我国现行刑法立法模式为前提的研究》,载于《吉林大学社会科学学报》2011 年第 1 期,第 119 页。

而对司法产生了影响；另一方面，司法行为及其所承载的基本价值和理念也可能使民众对法律的理解产生影响。但是在以往关于司法和民意关系的讨论中，人们往往关注前者，忽视了后者。媒体的归责仅仅作为一种舆论监督的手段指向需要承担责任的对象和机构而已，确立归责的对象是媒介报道的基本内容，但是究竟如何通过一系列归责对不合理的制度加以改变或调整却不是媒体所在意的问题。媒体大多在指向某个归责主体应该对案情负责之后就完成了媒体的任务。而案件的法律归责需要的是规则导向的责任追求，即如何建立和完善一系列规则、配置相应的制度保障、有效监督和补救的措施和方法。在此问题上，媒体已经止步，司法又经常没有承接这个任务。在经历了这么多对影响性诉讼案件的讨论之后，非法证据排除、无罪推定这些刑事诉讼领域的基石性原则，又有多少为公众所知晓和理解呢？一场围绕着药家鑫是否应该被判死刑的大讨论，随着一个年轻生命的终止而结束，但是争论来争论去，除了争论中热热闹闹的场面和"一地鸡毛"，又给社会留下了什么呢？在药家鑫被处决后，其"军二代"的身份被证实是子虚乌有的说法，而一直备受同情的受害人家属出尔反尔的行为也引起了民众的反感，此时舆论开始反转，同情药家鑫的声音越来越多。在这个时候，司法机关本应该积极把握住这个时机，大力宣扬无罪推定和司法独立的理念，引导民众深刻反思药家鑫案。这样在以后类似的案件中民众再进行舆论审判时，或许会在心中画一个问号——"会不会制造第二个药家鑫？"而民众观念的转变、新的社会共识的形成，或许正是从这样一个个小小的问号开始的。

第二节　司法运行系统向环境的开放

按照卢曼的系统理论，法律系统虽然在规范上是闭合的，但是在认知上应该是开放的。因为只有这样，系统才能应对复杂的外部环境，从而继续存在下去。在卢曼看来，人们会用以下两种方式实现期望：既可以通过以期望适应失望的状况来回应失望，与之相反，也可以通过不顾失望而坚持期望并且要求符合期望的行为来回应期望。[①]前者实现的是认知性期望，通过法律系统的开放性来保障；后者实现的是规范性期望，通过法律系统的闭合性来保障。因此，从实现法律系统稳定期望的功能来说，法律系统也需要保持开放性。现代法治抽象出了一套不同于社会领域的交换公正和分配公正的公正评价体系。"这里已不再涉及某人所得到的东西——通过交换或分配所得——是否计算得公正，问题在于法律系统所处理的一个具体案件是否得到公正的判决……一个法律案件的统一性在于与某些有待解释的文本段落的联系以及要求对他们的冲突进行判决的双方当事人的关系之中。判决法律案件的基础就是这个案件在考虑其他案件和裁决规定的情况下可以分清界线，而裁决规定只有当它们能够前后一致地区分相同和不相同案情的时候才能够被视为是公正的。"[②]这是一种程序公正，判断公正与否的标准是"判决一致性原则"，用一句话概括就是：对相同的案件做相同的处理，对不同的案件做不同的处

[①]　王琦：《系统、社会和法律——卢曼法律系统理论研究》，吉林大学 2011 年硕士学位论文，第 44 页。

[②]　［德］尼古拉斯·卢曼：《社会的法律》，郑伊倩译，人民出版社 2009 年版，第 120 页。

理。在抽象的层面上，这一原则是一种或然性信条，即不去追求永恒正义和终极性的价值，它追求的正义仅是一种"只能以程序形式才能获得法律效力的理由或价值的格式"①。在具体的操作层面，衡量"何为相同的""何为平等""何为各人应得的"，需要有一个明确的标准，因而需要由不同的社会结构给这一原则补充新的具体的内容。"例如亚里士多德的平均分配公正思想是以一种分为不同阶层的社会为前提的，在这种社会中毋庸置疑人都按照其作为自由民/非自由民的出身以及按照其社会地位而互相区分。"②在这里，只有"按照自由民/非自由民的出身以及社会地位进行区分"的标准明确了，"平均分配的公正思想"的说法才是有意义的。因此，程序正义并不仅仅是一种人为构建的抽象的封闭结构，它也是一种产生于法律系统和社会系统之间的关系，具有"易受刺激性"（易受触动性、敏感性、共鸣性）。当前中国正处于社会转型期，随着原有制度体系的整合重组，一种新的社会秩序和价值共识也需要重新建立。有学者在分析当下中国社会转型过程中制度推进所面临的问题时指出："国家在将这些体现一定价值观的规则向行动领域进行制度推进时，由于社会力量的分化、社会新利益主体的生成，遇到了一系列新的问题和阻力：在中国社会转型中实际上出现了双重制度化倾向，即显性的制度化和隐性的制度化，正是两者的共同作用导致了目前的社会关系和社会利益分配的格局。"③在这里，民众的诉求也成为构筑新秩序的一股力量，因此必须被认真对待。此外，如前所述，在具体的司法操作层面，由于法官难免会受到非规则性因素的影响，因此需要研究这些非规则性因

---

① ［德］尼古拉斯·卢曼：《社会的法律》，郑伊倩译，人民出版社 2009 年版，第 118 页。

② 同上，第 119 页。

③ 李金：《中国社会转型过程中的制度推进：显性制度化与隐性制度化》，载于《探索》2001 年第 1 期，第 50 页。

素的一般性规律,进而建立相应的制度约束。但是,在中国要实现这种程序公正、贯彻"判决一致性原则"还面临着特殊的困难。现代法治源于西方社会,这一事实本身给法治秩序在中国的建立带来了一系列难题。从文化角度的本土法律和法律移植的争论,到司法理念角度的法律职业化和法律民主化的争论,再到司法功能角度的规则之治和纠纷解决的争论,都说明法治话语的引入给中国带来的是一场剧烈的、深层次的社会变革。"法治秩序的建立不能单靠制定若干法律条文和设立若干法庭",更为重要的是"在社会结构和思想观念上还得先有一番改革"。① 从这个角度讲,民众的观念对于司法改革而言,不仅是过去的、要去努力改变的东西,而且是将来的、要塑造的东西的一部分,因而具有重要的价值。然而纵观历次司法改革,都忽略了一个根本性的问题:民众对诉讼的真实需求是什么?

认真对待民意并不意味着民众的诉求表达可以随意介入司法运行系统。"规范性的闭合"代表系统自身,而"认知性的开放"代表环境。系统通过认知使环境和自身发生联系,所以环境虽然外在于系统,但是对于系统而言只有能够被认知的环境才是有意义的,换个角度讲,环境在某种程度上也是系统的一部分。由此可见,保持司法运行系统对环境的开放,并非指各种环境因素可以随意、无条件地进入司法运行系统,而是指系统经过特定的机制和渠道主动地将环境因素有序地吸纳进来。"任何社会运动和任何大众媒体的宣传活动都不能改变法律。除了法律系统自己选择它在考虑公众舆论变化时所采取的形式外,任何变化都是不可能的,例如法律可以禁止在公共机构中有种族隔离现象或者实行产品担保等。今天在有大量报刊和电视的条件下,这样一种转向比法律必须适应资本主义经济条件的时代要快很多很多。相应地摆动的幅度也可能更加无规律、更快地需

---

① 费孝通:《费孝通文集》(第 5 卷),群言出版社 1999 年版,第 363 页。

要重新纠正,而且相应地从舆论的变化到法律变化的因果联系也更容易被人理解……从法律制度来看必须有一个过滤器,这个过滤器就在于把舆论变化当作学习的契机,即在认知(审理)上接纳,而不是直接强迫接受新的规范。"①因此,在提高司法对舆论的重视的前提下,环境因素必须以制度化的渠道介入。

一、构建民众参与的制度化途径

(一)法庭问卷调查风波

2011 年 3 月 23 日的药家鑫案一审现场,在法官宣告择日宣判之后,一份写有三个问题的问卷被发到现场的旁听者手中。当时,庭审现场有 500 名旁听人员,其中 400 名是大学生。西北政法大学刑法学的一位大二学生参加了此次旁听,她告诉记者:"当天早晨临时通知,并没有说去了之后还会有问卷调查,只是要求写一份旁听感受。"该同学对有问卷调查表示很意外:"但后来老师说不要随便接受媒体采访。"这份问卷向他们提出了三个问题:你了解到的该案案情是怎样的? 你认为应该怎么判? 你对法院的庭审过程有什么建议? "法官说在最终的宣判中会听取这些意见,同学们因此都比较慎重。"该同学观察到。②

对于此次问卷调查,舆论普遍持否定态度。但是需要进一步追问的是"民众为什么反对问卷调查?"或许我们可以从一些评论中找到答案:"本次对药家鑫的庭审由西安中级人民法院主导,旁听者的

---

① ［德］尼古拉斯·卢曼:《社会的法律》,郑伊倩译,人民出版社 2009 年版,第 47 页。

② 《药家鑫案陷信任危局 律师质疑问卷调查公正性》,新浪网 http://news.sina.com.cn/s/2011-04-18/101722312005.shtml,最后访问日期 2011 年 4 月 18 日。

选择,也是该院有意识而为,综合多家媒体报道,这次庭审中的旁听者中,还有药家鑫在西安音乐学院的大学同学。毫无疑问,基于人的正常善良情感,同学关系多少会使大家对药家鑫增添一份心理上的倾向性,对这样一群所谓旁听群众进行民意调查并表示要以调查结果作为判决的参考,不啻为让被告人一方的亲友团来左右法院的判决。我国法律所确定的刑事诉讼制度,既没有陪审团制度,也没有将民意调查作为刑事判决参考的规定。西安市中级人民法院法官明确表示要以民调结果来作为判决的参考,既是超出法律规定的违法行为,也是一种滥用职权的随意司法行为。西安中级人民法院此番所谓民调行为最恶劣的地方,是以一种近乎侮辱公众智商的方式,假借民意,来为其很可能早已失去中立的司法偏袒行为开脱。[①] 综上所述,舆论反对此次问卷调查的原因可概括为以下三点:第一,没有法律上的依据和制度上的支持,因而缺乏合法性;第二,调查问卷问题的设置、问卷的发放方式过于随意,因而缺乏科学性;第三,调查问卷的发放对象有明显的倾向性,因而缺乏客观性。这次法庭问卷调查风波反映出了我国司法在和民意沟通过程中所遭遇到的尴尬和问题。

客观地说,我国司法一直在进行着争取民意认同的努力。中华人民共和国成立以后,无论是"司法为民"还是"群众路线"都作为司法传统延续下来,后来从"群众感觉论"出发,又提出了"能动司法"。然而,这些做法却并未解决司法和民众沟通不畅的问题。究其原因是一直以来我们对司法民主化的理解存在着偏差。"中华人民共和国成立以来,'人民当家做主'被奉为执政党的最高政治理想。从此,'民主'被视为一种目的性价值,扩大民主和大众参与成为中国共产党政治发展实践的核心目标。而民主的最核心的内容,即以公民'权利'为核心的制度与规范体系的建立,以及究竟如何实现对最广大人民合法权益的确认、保障和救济,如何将'民主'从一种口号式的抽象的政治理想,落实成为一种现实的权利保障与救济机制,这些问题却很少受到关注。"[①]在理论上与这种民主实践相对的是主体民主进路,"其主要特征是,将对问题的关注点集中在司法民主应当由'谁'来'主'的问题上,也就是将司法民主的实现寄托于'掌权人'的身份之上,是一种立足于'权力主体'的司法民主理论"[②]。这种进路对于司法而言主要有两个弊端。第一,由于将关注点集中于权力正当性来源的问题上,因而可能导致民主的意识形态化,"民意"作为高于一切的绝对价值会对包括司法运行系统在内的其他社会系统的自我生成造成破坏。例如,在"司法为民"理念的指导下,司法寻求司法判决的法律效果、社会效果和政治效果的统一,法官为体现对弱势群体的关怀,通常采用"剪裁事实"等各种策略来改变法律运行的结构,从而形成了美国法理学家菲利普·诺内特(Philippe Nonet)和菲利普·塞尔兹尼克(Philip Selznick)所称的"过度回应意识形态和利益"。第二,为政者为了保证"民意"不偏离自己的意愿,在将民意纳入司法的同时会积极诱导公民放弃私人关注的目标并动员其追求政府所确定的目标,从而有可能导致司法的政治化。以能动司法为例,虽然其强调判决要以"社会和人民群众的感觉为依据",但是最终却难免陷入政治性司法的困境,它所导致的直接后果便是对司法独立产生不利的影响。本节第五章第三节已对此进行过详细论述。

　　为了畅通司法和民意的沟通,当前首先要做的是重构司法民主的论证路径。与主体民主的路径不同,新的路径应将关注点从权力正当性来源转向权力制衡,由此也决定了其两个重要的面向。一是

---

　　① 王荔:《当代中国司法民主问题研究》,吉林大学 2012 年博士学位论文,第 116 页。

　　② 同上,第 36 页。

探求民意的真实诉求并建立相应的制度保障。重视民意不是简单地迎合民意，而是正视民意、认真研究民意的逻辑和真正诉求。不是为了体现政治正确、应付上级要求，而是真正把民众参与作为得到有效判决的一种方式，并为民意介入司法构筑实实在在的、科学的制度性保障。二是为司法民主界定合理的边界。"民主并不只是政体意义上的治理机制，而是尊重人的权利的这样一种态度和行为，而司法过程只有时刻体现对个人的平等尊重才是民主的。"①民主需要给予社会每个成员最起码的自由保障，否则，专制便会以"公意"之名践踏个体的权利。因此，司法民主不是无边界的，其应该止步于程序权利。在实现司法民主的同时，应注意在程序上充分尊重个人人权，而不能以公共利益和民意的旗号限制个人的程序权利。

（二）具体制度设计

1.加强庭审功能

日本法学家棚濑孝雄指出，如果把所有根据合意的纠纷解决看作建立在当事人自由合意基础上的一种交涉过程，就会导致纠纷解决的规范性在一定程度上被削弱；而如果强调根据法的规范性来解决纠纷，就会带来合意性的削弱甚至是决定的恣意化。② 庭审功能的加强，一方面可以为民意介入司法提供制度化的渠道，另一方面也可以抵制权力的逻辑（法律命令说）和传统的逻辑（法律道德说）的侵入。从而最大限度地实现司法判决规范性和合意性的统一。

第一，加强对当事人诉讼权利的保障。无论是在个案的司法审判过程中，还是在司法制度的整体运行层面，诉讼人或者潜在的诉讼

---

① ［意］皮罗·克拉玛德雷：《程序与民主》，翟小波、刘刚译，高等教育出版社 2005 年版，第 12 页。

② 参见［日］棚濑孝雄：《纠纷的解决与审判制度》，王亚新译，中国政法大学出版社 2004 年版，第 73 页。

人都是最基本的构成要素。因为法官的知识、技能及其运用必须与诉讼人的预期和行为方式相契合;司法的公正与效率、司法的绩效也要求审判者与诉讼人的知识相契合。因此,现代司法民主必须以它所面对的诉讼人为中心进行原则设计,不再仅仅视诉讼人为司法制度的消极被动的接收者,而是将其视为直接影响和塑造这一制度并创造制度绩效的行动者。

第二,加强对辩护权的保护。程序权利是把法律面前人人平等转化为现实的重要途径,而辩护权则是实现法庭平等的重要保障。由于现代诉讼程序以复杂而具有高度专门化的方式处理案件,为了保证这种程序顺利且有效率地进行,更为了弥补当事人在信息上的欠缺和不对称,熟悉法律并有实务经验的律师的参与就成为必要,只有这样才能够在当事人之间确立真正的平等。因此,在司法制度的构建中尤其要重视律师在司法活动中民主功能的发挥。

2.陪审制度

司法吸纳民意的最典型的制度安排是陪审团制度。其制度原理是陪审团负责裁定案件事实,法官负责适用法律。普通民众来自不同的社会阶层和群体,他们作为陪审员审理评议案件时,根据自己的生活经验、常识以及朴素的正义感对案件作出判断,并传递到法官面前,而法官必须对此给予回应,并在判决理由当中体现出来。陪审团制度有三方面的价值:首先,陪审员的意见使法官的说理负担加重,能对法官的司法权形成制约和监督,进而为司法恪守公共理性提供保障;其次,在英美法系中,陪审员和职业法官在审判过程中存在着分工,由于含有非理性成分的事实问题是由陪审员来处理的,因而实际上为法官分担了审判风险和责任,从而维护了法官和司法的权威性;最后,陪审员在参与审理的过程中,会亲身接触司法程序和法律理念,也起到了很好的法治教育的作用。

但是,我们也必须清楚地认识到陪审制引入我国仍然存在着现实的障碍。其中一个最根本的障碍是由科层制和能动主义对待公民参与法律程序的不同态度所造成的紧张关系导致的。我国的司法组织机构具有科层制的特征,而在司法功能的设定上又具有能动主义的倾向。但是两者对待公民参与司法程序的态度是不同的。在科层制之下,官方程序具有排外性,从而抑制了私人的程序性行动。"私人行动者要么不习惯采取积极行动,要么受挫于无处不在的官僚垄断势力"①;而能动主义则支持公民参与,因为其需要将公民纳入其计划之中,并且使他们效力于它的政策。由此导致的紧张关系也体现在了我国司法运行系统一直以来对待民意的态度上。在政法传统下,司法运行系统关注人民群众,但是其所指的人民群众更多的是作为一种政治符号意义上的"人民",而不是市民社会中参与公共决策的"公民"。为了保证"民意"不偏离自己的意愿,在将民意纳入司法运行系统的同时会积极诱导"公民"放弃私人关注的目标并动员其追求政府所确定的目标,从而有可能导致司法的政治化。因此,如果司法改革的顶层设计者的关注点不能从司法过程中保护人民的利益转向通过制度化的渠道让社会群体参与到司法程序中来,那么陪审制便很难引入,即使引入了,其作用也很难得到发挥。

3.专家法律意见书制度

专家法律意见,是指在法学领域内有一定造诣,被公认为权威的学者针对具体的案件所表达出的具体看法。专家法律意见具有以下特点:一是权威性,即出具意见的往往是在法学领域具有一定知名度和造诣的法学专家;二是法理性,专家法律意见注重法学理论分析和论证;三是具体性,专家法律意见是针对具体案件表达的看法。在我国的司法实践中,专家法律意见书越来越受到重视。浙江省高级人

---

① [美]米尔伊安·R.达玛什卡:《司法和国家权力的多种面孔》,郑戈译,中国政法大学出版社2015年版,第71页。

民法院的问卷调查显示,专家法律意见书对于我国审判工作的影响日益增强。69％的法官表示会阅读专家法律意见书并重视法学专家的意见,另有 10％的法官表示会向领导汇报,只有少数法官不会重视。① 虽然专家法律意见书在实践中已经被广泛运用,但我国对专家法律意见书尚未在法律上予以规范。如何运用好和规范好这一吸纳民意的重要途径,是需要进一步深入研究的。

二、培养公民公共责任意识和公共理性

为了有效地将民意吸纳进司法运行系统,需要构建民众参与的制度化途径,但不容忽视的是,民间力量、民间的自由互动对制度建设的参与也是十分重要的。然而在实践当中后者却有着很大的局限性。"由于中国不存在西方的市民社会基础,民间力量缺乏普遍的制度化、组织活动的驱力,因而在远离传统社会背景的现代行动领域中,它也很难发挥出一种文化规范或伦理性的制约作用;相反,在个体利益的驱动之下,它们在制度体系中时刻化解着社会的正式目标、正式制度体系及其规导功能。"②因此,为了实现司法运行系统和外部环境的有效沟通,除了制度建设外,当前最迫切要做的是加强对民众公民意识的培养。

(一)培养公民公共责任意识

在影响性诉讼案件中,民众愿意以极大的热情去谈论和交流,抒发自身对案件的看法和对司法不公的忧虑;愿意用自身的生活经验和常识来对司法事件作出自己的评判,并且因为类似案件的审判结

---

① 浙江省高级人民法院研究室:《"专家法律意见书"对审判工作的影响》,载于《法律适用》2003 第 10 期,第 35 页。

② 李金:《从国家与民间力量的关系看中国社会的整合问题》,载于《探索》2000 年第 3 期,第 85 页。

果可能与自身的利益相关,从而对司法活动进行监督。这背后所透露出的民众公共参与的热情是值得肯定的,也隐隐地让人看到了培养公民公共责任意识的可能性。但是,这并不能掩盖公民公共参与意识在我国十分薄弱的现实。

在中国几千年的小农经济和专制制度下,并没有培养出民众关心他人和社会公共利益的传统,正所谓"不在其位,不谋其政"。随着市场经济的发展,中国逐渐从价值一元化走向价值多元化,从利益一元化走向利益多元化,于是在思想领域产生了价值冲突,在经济领域产生了利益冲突,作为平衡利益冲突的法律便成为一种必要。与此同时,人们的权利意识也逐步确立起来。但是,在权利意识逐渐觉醒的过程中,相应的对社会和他人的责任意识却仍然缺失。由此导致了两个结果。一是政策呈现了明显的有利于某一利益群体的倾向。在民众的观念中一种错误的权利观盛行:权利是不受限制的。在这种观念下,权利绝对性的一面被夸大,义务却很少被强调。于是权利不再是保护个人自由的屏障,而成了争取个人利益最大化的工具。而这种逻辑也体现在了公共政策的形成过程中。在权利话语标签的掩盖下,公共政策实际上仍然是赤裸裸的利益强势方压制利益弱势方的结果。二是民间力量难以形成一种能够有序参与制度建设的合力。由于责任意识的缺乏,一种对人和对己双重标准的道德"二元化"现象盛行。当年鲁迅先生笔下"冷漠的看客"仍然存在于当今的社会中,民众看到其他个体权利受到侵害时仍习惯于采取明哲保身的态度。社会中的一个个个体如同一座座孤岛,很难在公共领域发出一种响亮、明确的集体声音。

(二)培养公民公共理性

"国家治理体系现代化以及政治制度改革涉及既得利益的调整,不可能自始至终都在一团和气中推进和实现既定目标,尤其是在转型期对立和冲突难以回避,公平正义的原则必须坚持。面对社会结构已经发生变化、形成不同利益群体的现实,某种形态的'纠纷理论'比各类'合意理论'更能适应推进法治的需要,例如在制度设计中加强抗辩制和不同主张的论证性对话、支持依法维权。"①但是,对话的有效开展有一个很重要的前提:公民具备公共理性,即能够理性地平等对话与协商。公共理性运用于公共生活领域,意在生成公共生活的基本规则与关于社会基本结构的正当性共识,以促进公益、维护公民之权益。在公共理性之下所展开的对话应满足这样几个条件:一是在协商的过程中,不能强迫对方同意自己的观点及看法,只能在理性对话与沟通之中,试图让他人能够信服自己的理性思考与表达;二是对话应当属于论证性对话的范畴,而不能仅仅满足于某种情绪化的表达;三是结论必须接受实践理性的检验,即具有可试错性。这意味着参加对话的任何人都必须有在被说服之后修改或放弃自己主张的思想准备。

但是,当前中国社会却并不完全具备开展理性对话的条件,公民的公共理性精神仍然匮乏。如果从历史文化的角度追溯,这可以归因于中国传统文化中有着不同于西方的理性主义和合理性论证模式。第一,西方理性主义的合理性标准只具有工具主义意义,而中国合理性标准则始终同道德紧密相连;第二,从合理性论证过程来看,西方的理性化是二元论的,而中国则始终把理性化作为重构道德意识形态的深层动力。由此导致的后果是公民在公共对话中容易将正当性论证转化为道德性论证,即将正当与否的问题转化为善恶的问题。②

---

① 季卫东:《论法律意识形态》,载于《中国社会科学》2015 年第 11 期,第 145 页。

② 有关中国文化合理性论证和正当性标准的思想史研究参见金观涛、刘青峰:《观念史研究——中国现代重要政治术语的形成》,法律出版社 2009 年版,第 27—70 页。

第七章 结　语

第一节　一个初步的结论

影响性诉讼案件的产生绝不仅仅出于偶然,这种现象的出现实际上有着深层次原因,并受特定逻辑支配。它如同一面镜子,折射出了当前我国司法的生态状况,因而这一现象本身是值得认真对待的。同时,影响性诉讼案件还向我们敞开了一系列富有挑战性的问题。而对这些问题的回答,不仅考验着法学者在一些法治基本问题上的立场,也直接关乎我国司法改革的走向甚至成败。

一、环境因素如何作用于影响性诉讼案件

在现代风险社会中,行为的后果越来越难以预料,生活世界也越来越复杂,很多事物远非看上去那样简单,也很难将一切问题都用"好"与"坏"或"善"与"恶"的二元区分进行评价。在这种情况下,细致深刻的观察远比匆忙的判断更为重要。基于此,本书在回答环境因素是否应当作用于影响性诉讼案件前,重点考察了环境因素是如何作用于影响性诉讼案件的。

在日常生活中,存在着大量的普通案件。对这些案件而言,形式化的法律文本和司法程序足以维持司法系统的运行,法院凭借着制度优势垄断着法律决定权。但是在影响性诉讼案件中,随着外界关注和干扰的增多,司法运行逻辑的理想状态被打破,司法场域中的分化和对抗程度不断加深。虽然在司法场域中法院凭借着制度优势拥有最后的法律决定权,但是与此同时,场域中其他主体在各自利益诉求的驱动下从未停止对法律决定权的争夺。而中国社会的转型变革以及司法的思维方式及其文化特征,恰恰为这种争夺提供了条件和可能性。如果说影响性诉讼案件各方主体的利益诉求决定了其在司法场域中的立场和行动方向,那么主体之间的利益冲突以及资本权重对比则决定了其在司法场域中的行动内容和后果。前者构成了环境因素作用于影响性诉讼案件的动因,后者则构成了环境因素作用于影响性诉讼案件的内在逻辑。在影响性诉讼案件中,影响司法运行的不是任何一个单一的因素,而是多种因素合力作用的结果。环境因素的作用体现在两个阶段:一是常规案件转变为影响性诉讼案件的过程;二是在司法场域中对法律决定权的争夺过程。民众和媒体在第一个阶段起着决定性的作用,而在真正决定案件结果的第二个阶段,为政者往往起着更为关键的作用。这种影响模式可以概括为:民众或者媒体影响为政者的态度,为政者的态度左右案件的裁判。

二、环境因素作用于影响性诉讼案件的规范性研究

针对环境因素是否应该作用于影响性诉讼案件的问题,本书是从对环境因素作用于司法运行系统会产生哪些威胁司法基本价值的负面效果的考察切入的,通过识别出这些负面效果,可以让我们更加明确环境因素作用于司法运行系统的限度在哪里。卢曼的系统理论强调法律和社会的互动,这种互动过程实际上也是不断界定和稳定

司法运行系统和环境边界的过程。在影响性诉讼案件中，环境因素会对司法权威、司法公正、司法独立等造成负面影响。为了消除民意对司法权威的不利影响，需要在司法中通过更多制度化的方式吸纳民意，慎重甄别和引导民意，以及正确识别民众和司法冲突背后的根源。而针对为政者对司法独立的不利影响，需要发挥民众对为政者的制衡作用。然而，问题并没有到此结束。在司法运行系统中，如何发挥民众对为政者的制衡作用、如何用制度化的方式吸纳民意，这两个问题又涉及现代司法所面临的困境：一方面要维持司法体系的自洽性，另一方面又不得不考虑民众诉求等法律之外的因素。从系统理论的角度来讲，就是如何处理司法运行系统封闭性和开放性关系的问题。

司法运行系统的开放性需要以封闭性为前提，而司法运行系统的封闭性则要通过开放性加以保障。为了确保司法运行系统的封闭性，一方面需要加强对法官的自利动机和司法官僚化等制约司法裁判的非规则性因素的研究，另一方面需要构建司法公开、司法说理和教育引导等民众规范性期望的实践路径。为了确保司法运行系统的开放性，需要重构司法民主的论证路径。将关注点从权力正当性来源转向权力制衡，由此也决定了其两个重要的面向：一是探求民意的真实诉求并建立相应的制度保障；二是为司法民主界定合理的边界。

三、影响性诉讼案件研究中两个重要的问题

在影响性诉讼案件所展现出的诸多问题中，有两个问题是尤为重要的。然而为了保证论证思路的清晰性和结构的完整性，在正文部分虽然对这两个问题都有涉及，但是却是散见于各章节中的。在结语部分，本书将这两个问题完整地呈现出来，并给出自己的思考和回答。

问题一：如何看待影响性诉讼案件中民众的作用？在影响性诉

讼案件引发的争论中,"民众是否应该介入司法"是最为核心也是争议最大的问题。在对环境因素作用于影响性诉讼案件的现象进行考察后,本书发现民众介入司法和司法独立、司法权威等司法基本价值之间的冲突并不像自己原本想象的那样大,而且在一定的条件下民众的介入还可能成为维护这些价值的重要保障。用季卫东教授的话来说,在目前的中国,更有碍司法独立和司法威信的与其说是"民间舆论对程序正义",毋宁说是"任意裁量对程序正义"的构图。① 在司法理论和实务界,有很多人认为在影响性诉讼案件中是民意"绑架"了司法、破坏了司法独立,有学者还提出了"民意审判"的概念。但是,这显然过于简单地看待民意、司法和政治之间的互动关系了。在影响性诉讼案件中,影响司法运行的不是任何一个单一的因素,而是多种因素合力作用的结果。凭借着对司法资源的支配地位,为政者往往对最后的裁判结果起到决定性的作用。但是与其在司法场域中的支配地位形成鲜明对比的是,在影响性诉讼案件中,无论是对话语权的争夺还是对正当性的争夺,为政者实际上很少参与其中。因此,最终得到的法律结果是未经充分竞争和验证的,从而导致尽管在影响性诉讼案件中最初会有不同甚至对立的主体、利益、价值和世界观之间的竞争,但是最终的结果却只能指向处于支配地位的力量,即为政者的决定。而原本可以对其产生制衡的民众因素,由于缺乏介入司法的正常渠道,从而只能以非正常的方式介入,即对为政者施加压力。而这又进一步强化了为政者的支配地位。如此循环往复,司法系统的功能被不断消解,司法独立始终难以实现。而针对为政者在司法场域中的支配地位,如何发挥民众对为政者的制衡作用,这一问题是值得探究的。这是因为:为政者可以消解司法场域中其他主体

---

① 季卫东:《司法与民意》,财经网 http://magazine. caijing. com. cn/20060206/110149. shtml,最后访问日期 2013 年 4 月 11 日。

的力量,虽然民众也会受到这种影响,但是相较于法院和媒体,其受到的影响是最小的。第一,法院和媒体都与为政者存在着一定程度的依附关系,而民众却相对独立;第二,法院和媒体有较为明确的利益诉求,容易被为政者识别,而民众的利益诉求较为分散,不易被识别。因此,在影响性诉讼案件中,真正对司法独立构成危害的是裹挟着民意的为政者而非民众,而且民众反而有可能成为制约权力的重要因素。但是要想真正发挥民众在司法中对权力的制约作用,需要的一个前提条件是重构司法民主的论证路径。与主体民主的路径不同,新的路径应将关注点从权力正当性来源转向权力制衡,由此也决定了其两个重要的面向:一是探求民意的真实诉求并建立相应的制度保障;二是为司法民主界定合理的边界。

此外,在法院审判与民意诉求之间的角逐和较量中,不应简单盲目地排斥民意。因为在司法和民意紧张关系的背后,实际上隐含着现代司法所面临的困境:一方面要维持司法体系的自洽性;另一方面又不得不考虑民众诉求等法律之外的因素。如何在法律系统和民意表达之间形成良好的互动关系,对于司法权威而言是一个核心的因而也是无法回避的问题。司法权作为一种公权力具有其特殊性,除了强调权力本身的强制性,还有一个很重要的面向是获得公众的信服。因此,树立司法权威的关键不是如何让司法远离民众,而是如何缓解司法和民意之间的紧张关系。具体而言,需要从三个方面着手:一是在司法中通过更多制度化的方式吸纳民意;二是慎重甄别和引导民意;三是正确识别民众和司法冲突背后的根源。

问题二:如何实现法律确定性的承诺?影响性诉讼案件中环境因素的介入带来了法律形式主义界限被突破后凸显的法律确定性问题。在李昌奎案这种由于引起社会热议,以至于影响法官抉择的案件中,当我们对法律条文确定性的幻想破灭后,又应该如何实现法治的确定性承诺?

形式主义法学所精心构筑的实现法律确定性的概念王国受到了现实主义法学、批判法学、实用主义法学等学派的批判,而这些批判不仅仅源于对法律确定性的怀疑,这种怀疑的背后实际上反映了人们对于法律正当性基础的焦虑,同时也折射出了现代法律的深层危机:其一,法律失去了持久稳定的合法性基础,必须在各种不确定性中不断寻找一种暂时的合法性;其二,也是更为重要的一点,和以往不同,法律系统要维持自身的存在,面对的不再是单向度的要求。过于封闭或者过于开放,都可能使其终结,因此法律系统必须在封闭性和开放性之间寻求一种平衡。在法学理论研究中,许多争论不休的问题都可以看作对上述问题的另一种表述,比如事实和规范之间的紧张关系、法律的稳定性和变化性之间的协调等。因此,法律确定性的含义并非一成不变,对它的理解是有时间性的,在不同的时代、不同的法律观之下,对于法律确定性的认知和实现路径都是不同的。这也解释了为什么现代相较于古代有着更完善的立法体系和法律解释技术,但是法律的确定性却越来越受到质疑。在围绕着司法和民意关系的讨论中,面对专业主义的司法审判与一般大众的"法感"之间的紧张关系,对于法律确定性的重塑才是最为关键和紧迫的,因为只有这样,才能呈现出司法运行系统的真实样貌,才有可能在司法裁判过程中做到进退有度。无论是试图通过司法职业化恪守司法专业主义判断的独立秉性,还是简单地迎合民意,直接用公众舆论替代法官的专业判断,显然都没有切中问题的要害。

不同于自然法时代和理性法时代对于法律确定性的理解,在卢曼的系统理论视角下,系统的存在即封闭性是以自身和环境的差异化为前提的,实现法律确定性承诺的过程实际上也是不断界定和稳定司法运行系统和环境边界的过程。对于系统包括法律系统来说,最重要的是交往。只要是通过"合法/不合法"这种二元代码进行的交往都被视作法律系统的一部分。这意味着,第一,法律系统的运作不以法律规范的存在为前提。法律交往在法律规范产生之前便已经存在,法律规范只是法律系统进化的一个结果。法律的确定性承诺并非通过一个事先确定的法律文本而是通过法律系统的运作而得以实现。第二,在交往中是否使用"合法/不合法"的二元代码是判定其是否可以被归入法律系统的唯一标准,而不论交往的主体是不是法律组织成员,这意味着非法律组织成员也可能被纳入法律系统。由此,在对法律确定性问题的认识上开放出了两个重要的向度。一是从法律规范转向司法行为。这意味着,对于民众而言,仅仅有明确的法律条文并不能保证法律的确定性,只有当法官的裁判行为和判决结果是可预测的时候,法律的确定性才得以实现。所以,当对司法过程产生重要作用的因素被排除于民众的视野之外时,必然会使民众感受到司法行为、判决结果的不可预测性和法律的不确定性。因此,为了实现法律的确定性承诺,需要我们认真看待对法官司法裁判产生实际影响的非规则性因素,并且通过对这些因素的理性批判以及在此基础上的制度构建提高司法行为和判决结果的可预测性。二是从法律组织成员转向非法律组织成员(民众)。对于规范性期望的稳定化而言,明确法律系统的边界、实现法律系统的秩序化固然重要,但是实现民众的规范性期望,即民众对于法律的认知和理解也是必不可少的。因为司法行为的可预测性不只是从法律组织成员的角度来说的,实际上在更大程度上是从非法律组织成员(民众)的角度来说的。在影响性诉讼案件中,民众对于法律的预期之所以会和案件的裁判结果产生较大的出入,很大程度上是因为法官裁判所秉持的司法理念和民众所固有的观念存在冲突。这种冲突的产生固然有着社会、文化等深层次的原因,但是部分原因也可以归结于民众对这些司法理念缺乏起码的了解,因而也谈不上接受。要实现法律的确定性,司法独立、法官中立这些理念固然重要,但更重要的是这些理念要以一种民众看得见和可以理解的方式呈现。

第二节　本书的研究视角及其理论限度

针对由于外部因素的作用而突破了法律形式主义界限的影响性诉讼案件，本书选择从外部性视角切入，通过对法院在审判这类案件时外部环境的考察，探寻影响性诉讼案件之中各种外部因素对法院的影响及其背后的利益诉求。

这种外部性视角的选择有着自身的局限性。它意味着本书有着如下的理论预设：法律体系不是封闭的，而是和社会、政治等外部因素相关联；法律制度最重要的面向不是规则而是司法行为。这也决定了本书研究的重点不在法庭之内而在法庭之外，主要目的不是建立自洽、抽象的法律体系而是对具体法律运作过程的情境化研究。还需要说明的是，本书中的外部性视角重在对围绕着司法运行系统产生影响的环境因素的考察，而不是对环境因素所在的社会、经济背景的考察（即使有所涉及也是程度有限的）。影响性诉讼案件环境因素研究为讨论影响性诉讼案件问题提供了一个分析框架，它把法官、民众、媒体以及为政者都放在同一个情境中来考察，假定各方的力量会对案件判决产生影响，并且重在分析这些影响产生的过程及其原因。这种框架不意味着承认存在就是合理的，而是主张在提出规范理论之前应该认真对待所要规范的对象；这种框架也不意味着法官可以放弃其独立判断和理性推理这一司法的基本要求，它只是为法官的选择提供新的思路。

第三节 对本书立场的澄清

第一，本书主张司法系统对环境因素特别是民众因素保持开放并非无条件的。民意的形成在很大程度上依赖信息的充分披露、思想观点的自由交换以及媒体的独立公正，在不具备这些条件的情况下，真实民意的形成往往会被遮蔽和阻塞。

第二，本书认为在解决司法和民意关系的问题上，试图通过司法职业化恪守司法专业主义判断的独立秉性并未切中问题的要害，但并非否定司法职业化在我国司法改革进程中的作用和必要性。本书赞同司法审判的独立应该是最高的价值原则，在任何时候都必须被恪守，但是认为不应当基于此而对民意持对立的态度。民众对于法律确定性的追求说明了专业主义的司法审判与一般大众的"法感"之间的差距远非人们想象中的那样大。

第三，本书中的"影响性诉讼案件"并非一个具体的概念或某一类具体的诉讼，而是这样一种与司法有关的现象："原本是一个小范围的地方性、私人间的诉讼小案，在某种因素的刺激和诱导下，不经意之间演变成为众所周知的公共事件，成了民众竞相表达的公共话题；在法院进行审判的前后过程中，民众和媒体也纷纷展开审判，出现了所谓的'舆论法庭'或'民意法庭'；民众对案件作了庭外的预判，法官变成受民众委托来审判的人；于是，个案的事实因关注度高而被民众和媒体不断加工和形塑；个案的司法，也因此隐含着某种象征性的社会效应……"①本书把这种现象用"影响性诉讼案件"加以概括，并将它作为研究的背景和语境。因为相较于普通案件，在影响性诉讼案件中出现了更多的行动者，体现了更多的社会需求，从而可以更好地呈现司法、民意和政治之间复杂的互动关系。事实上，对于本书来说，影响性诉讼案件和普通案件并没有本质上的差别，其差别仅仅在于外部因素对司法运行系统的干预程度。

---

① 孙笑侠：《公案的民意、主题与信息对称》，载于《中国法学》2010 年第 3 期，第 136 页。

参考文献

一、中文文献

（一）专著类

[1] 陈力丹. 舆论学——舆论导向研究［M］. 北京：中国广播电视出版社，1999.

[2] 陈瑞华. 看得见的正义［M］. 北京：中国法制出版社，2000.

[3] 邓正来. 研究与反思——关于中国社会科学自主性的思考［M］. 北京：中国政法大学出版社，2004.

[4] 葛洪义. 法与实践理性［M］. 北京：中国政法大学出版社，2002.

[5] 公丕祥. 法制现代化的理论逻辑［M］. 北京：中国政法大学出版社，1999.

[6] 黄文艺. 全球结构与法律发展［M］. 北京：法律出版社，2006.

[7] 金观涛，刘青峰. 观念史研究：中国现代重要政治术语的形成［M］. 北京：法律出版社，2009.

[8] 苏力. 制度是如何形成的［M］. 北京：北京大学出版社，2007.

〔9〕孙立平. 传统与变迁:国外现代化及中国现代化问题研究〔M〕. 哈尔滨:黑龙江人民出版社,1992.

〔10〕吴英姿. 法官角色与司法行为〔M〕. 北京:中国大百科全书出版社,2008.

〔11〕姚建宗. 美国法律与发展研究运动述评〔M〕. 北京:法律出版社,2006.

〔12〕张文显. 法哲学范畴研究〔M〕. 北京:中国政法大学出版社,2001.

〔13〕张文显. 马克思主义法理学——理论、方法和前沿〔M〕. 北京:高等教育出版社,2003.

〔14〕张文显. 二十世纪西方法哲学思潮研究〔M〕. 北京:法律出版社,2006.

〔15〕张文显. 法哲学通论〔M〕. 沈阳:辽宁人民出版社,2009.

(二)译著类

〔1〕博登海默. 法理学:法律哲学与法律方法〔M〕. 邓正来,译. 北京:中国政法大学出版社,2004.

〔2〕富勒. 法律的道德性〔M〕. 郑戈,译. 北京:商务印书馆,2005.

〔3〕诺内特,塞尔兹尼克. 转变中的法律与社会:迈向回应型法〔M〕. 张志铭,译. 北京:中国政法大学出版社,2004.

〔4〕卡多佐. 司法过程的性质〔M〕. 苏力,译. 北京:商务印书馆,1998.

〔5〕施瓦茨. 美国法律史〔M〕. 王军,洪德,杨静辉,译. 北京:中国政法大学出版社,1997.

〔6〕川岛武宜. 现代化与法〔M〕. 王志安,申政武,渠涛,等,译. 北京:中国政法大学出版社,2004.

［7］弗里德曼. 选择的共和国:法律、权威与文化［M］. 高鸿钧,赵红军,马剑银,等,译. 北京:清华大学出版社,2005.

［8］弗兰克. 初审法院［M］. 赵承寿,译. 北京:中国政法大学出版社,2007.

［9］卢埃林. 普通法传统［M］. 陈绪纲,史大晓,仝宗锦,译. 北京:中国政法大学出版社,2002.

［10］沃尔夫. 司法能动主义:自由的保障还是安全的威胁［M］. 黄金荣,译. 北京:中国政法大学出版社,2004.

［11］波斯纳. 超越法律［M］. 苏力,译. 北京:中国政法大学出版社,2001.

［12］波斯纳. 法理学问题［M］. 苏力,译. 北京:中国政法大学出版社,2002.

［13］萨默斯. 美国实用工具主义法学［M］. 柯华庆,译. 北京:中国法制出版社,2010.

［14］昂格尔. 现代社会中的法律［M］. 吴玉章,周汉华,译. 南京:译林出版社,2001.

［15］昂格尔. 知识与政治［M］. 支振峰,译. 北京:中国政法大学出版社,2009.

［16］庞德. 法律史解释［M］. 邓正来,译. 北京:中国法制出版社,2003.

［17］庞德. 法理学:第一卷［M］. 邓正来,译. 北京:中国政法大学出版社,2004.

［18］达玛什卡. 司法和国家权力的多种面孔［M］. 郑戈,译. 北京:中国政法大学出版社,2015.

［19］麦考密,魏因贝格尔. 制度法论［M］. 周叶谦,译. 北京:中国政法大学出版社,1994.

［20］麦考密. 法律推理与法律理论［M］. 姜峰,译. 北京:法

律出版社,2005.

[21] 卢曼. 社会的法律[M]. 郑伊倩,译. 北京:人民出版社,2009.

[22] 费斯. 如法所能[M]. 师帅,译. 北京:中国政法大学出版社,2008.

[23] 棚濑孝雄. 纠纷的解决与审判制度[M]. 王亚新,译. 北京:中国政法大学出版社,2004.

[24] 菲尔德曼. 从前现代主义到后现代主义的美国法律思想——一次思想航行[M]. 李国庆,译. 北京:中国政法大学出版社,2005.

[25] 布雷耶. 法官能为民主做什么[M]. 何帆,译. 北京:法律出版社,2012.

[26] 布莱克. 社会学视野中的司法[M]. 郭星华,等,译. 北京:法律出版社,2002.

[27] 詹姆士. 实用主义[M]. 陈羽纶,孙瑞禾,译. 北京:商务印书馆,1979.

[28] 莫里森. 法理学[M]. 李桂林,李清伟,侯健,等,译. 武汉:武汉大学出版社,2003.

[29] 诺尔-诺依曼. 沉默的螺旋[M]. 董璐,译. 北京:北京大学出版社,2013.

[30] 杜威. 确定性的寻求:关于知行关系的研究[M]. 傅统先,译. 上海:上海人民出版社,2004.

(三) 中文论文类

[1] 宾凯. 社会系统论对法律论证的二阶观察[J]. 华东政法大学学报,2011(6):3-12.

[2] 李奋飞. 舆论场内的司法自洽性研究:以李昌奎案的模拟实

验分析为介质[J].中国法学,2016(1):269-288.

[3] 周安平.涉诉舆论的面相与本相:十大经典案例分析[J].中国法学,2013(1):160-174.

[4] 季晨溦.民意沟通:公共理性的司法构建基础[J].政法论丛,2017(3):25-31.

[5] 郑涛.中国司法改革七十年的逻辑与进路[J].哈尔滨工业大学学报(社会科学版),2020(2):30-40.

[6] 褚国建.法院如何回应民意:一种法学方法论上的解决方案[J].浙江社会科学,2010(3):39-44.

[7] 杨晓丽.新闻舆论对刑事司法的影响[J].政治与法律,2018(3):149-160.

[8] 杜健荣.论司法回应民意的模式转换[J].理论导刊,2014(6):97-100.

[9] 徐光华.个案类型特征视阈下的刑事司法与民意——以2005至2014年130个影响性刑事案件为研究范本[J].法律科学,2015(5):30-43.

[10] 顾培东.公众判意的法理解析——对许霆案的延伸思考[J].中国法学,2008(4):167-178.

[11] 何兵.司法职业化与民主化[J].法学研究,2005(4):100-113.

[12] 王勇.不杀止于杀——死刑司法控制中的公众舆论引导研究[J].法学杂志,2017(3):69-78.

[13] 季卫东.中国式法律议论与相互承认的原理[J].法学家,2018(6):1-15.

[14] 孙锐.互联网时代刑事司法与公众舆论关系的困局及其破解[J].兰州学刊,2017(10):152-161.

[15] 孔祥俊.从司法的属性看审判与民意的关系[J].法律适

用,2010(12):2-9.

[16] 魏小强. 司法与舆论的冲突何以发生——兼论缓解司法与舆论冲突的内在途径[J]. 河北法学,2017(3):122-132.

[17] 孟涛. 论当前中国法律理论与民意的冲突——兼论现代性法律的局限性[J]. 现代法学,2010(1):11-21.

[18] 苏力. 法条主义、民意与难办案件[J]. 中外法学,2009(1):93-111.

[19] 孙笑侠. 公案的民意、主题与信息对称[J]. 中国法学,2010(3):136-144.

[20] 孙笑侠. 公案及其背景——透视转型期司法中的民意[J]. 浙江社会科学,2010(3):21-28.

[21] 王国龙. 裁判理性与司法权威[J]. 华东政法大学学报,2013(4):69-78.

[22] 许章润. "司法权威":一种最低限度的现实主义进路[J]. 社会科学论坛,2005(8):5-25.

[23] 赵晓力. 司法权威的来源[J]. 法律适用,2005(4):72-73.

二、外文文献

(一)著作类

[1] DICEY A V. Lectures on the relation between law and public opinion in England during the nineteenth century [M]. London: Macmillan, 1914.

[2] PATTERSON E W. International encyclopedia of the social sciences: Vol. 12. [M]. London: The Macmillan Company & The Free Press, 1968.

[3] GURVITCH G. Sociology of law[M]. Frome: Butler and

Tanner Ltd. ，1947.

［4］WARD I. An introduction to critical legal theory［M］. London：Cavendish Publishing Ltd. ，1998.

［5］ZAMBONI M. Law and politics：a dilemma for contemporary legal theory［M］. Berlin：Springer-Verlag，2008.

［6］BRINT M，Weaver W. Pragmatism in law and society ［M］. Boulder：Westview Press，1991.

［7］ROSCOE Pound. Social control through law ［M］. Piscataway：Transaction Publishers，1997.

［8］IHERING R V. Law as a Means to an End［M］. Husik I trans. London：The Macmillan Company，1924.

(二)英文论文

［1］FISHMAN B G，FISHMAN L. Public policy and political considerations［J］. The Review of Economics and Statistics，1957，39（4）.

［2］BIXLEY B. Democratic theory and public policy［J］. Canadian Journal of Political Science，1970，3（3）.

［3］GILBERT C E. The shaping of public policy［J］. Annals of the American Academy of Political and Social Science，1976，426.

［4］VINING D R. Illegitimacy and public policy［J］. Population and Development Review，1983，9（1）.

［5］TRUMAN D B. The social sciences and public policy［J］. Science，1968，160.

［6］KIRP D L. Community control，public policy，and the limits of law［J］. Michigan Law Review，1970，68（7）.

［7］ROSENTHAL D，Perlman B. Ethical dimensions of

public policy & administration[J]. Polity，1986，19（1）.

[8] ASHFORD D E. Review：history and public policy vs. history of public policy[J]. Public Administration Review，1991，51（4）.

[9] BUNKER D R. Organizing to link social science with public policy making[J]. Public Administration Review，1978，38（3）.

[10] MACRAE D. Scientific communication，ethical argument，and public policy[J]. The American Political Science Review，1971，65（1）.

三、学位论文

[1] 蔡宏伟. 确定性的寻求——波斯纳法律理论研究[D]. 长春:吉林大学,2008.

[2] 王庆廷. 论司法对民意的分类回应[D]. 苏州:苏州大学,2018.

[3] 崔明石. 话语与叙事:文化视域下的情理法[D]. 长春:吉林大学,2011.

[4] 杜健荣. 卢曼法社会学理论研究——以法律与社会的关系问题为中心[D]. 长春:吉林大学,2009.

[5] 刘剑. 卡尔·卢埃林法律职能理论研究[D]. 长春:吉林大学,2006.

[6] 王荔. 当代中国司法民主问题研究[D]. 长春:吉林大学,2012.

[7] 顾铖祎. 新媒体环境下舆论与司法互动研究[D]. 上海:上海交通大学,2017.

[8] 于晓艺. 弗兰克法律现实主义思想根本诉求之探究[D]. 长

春:吉林大学,2007.

[9]周国兴.寻求现实的确定性——卢埃林现实主义法律理论研究[D].长春:吉林大学,2011.

[10]王琦.系统、社会和法律——卢曼法律系统理论研究[D].长春:吉林大学,2011.

四、报刊文献

[1]何兵.必须打破法官对司法权的垄断[N].南方都市报,2007-11-03(A32).

[2]何兵.司法民主化是个伪命题?[N].经济观察报,2008-08-25(42).

[3]李红海.例行案件与疑难案件[N].人民法院报,2005-04-29(5).

[4]夏命群.最高法副院长:许霆案一审量刑明显过重[N].京华时报,2008-03-11(010)。

[5]徐春柳.姜兴长:许霆案一审量刑过重[N].新京报,2008-03-11(A04).

五、电子文献

[1]凤凰网."药"钱风波中的舆论投机[EB/OL].[2012-02-15].http://news.ifeng.com/opinion/society/detail_2012_02/15/12523902_0.shtml.

[2]中国互联网络信息中心.2014年中国社交类应用用户行为研究报告[R/OL].[2014-08-25].http://www.cnnic.cn/hlwfzyj/hlwxzbg/201408/P020140822_47862.htm.

[3]凤凰网.六成网友驳舆论审判论 李天一屡犯案引公愤[EB/OL].[2013-03-20].http://ent.ifeng.com/idolnews/special/lgf/

content-6/detail_2013_03/20/23308215_0. shtml.

[4] 凤凰网. 从撞人到杀人:药家鑫的蜕变[EB/OL]. [2011-04-05]. http://news. ifeng. com/opinion/gundong/detail_2010_12/06/3358142_0. shtml.

[5] 凤凰网. 当法官成为弱势群体[EB/OL]. [2016-02-28]. http://news. ifeng. com/a/20160228/47618094_0. shtml.

[6] 中国理论法学研究信息网. 第十八届中央委员会第四次全体会议公报(全文)[R/OL]. [2014-10-24]. http://legal-theory. org/?mod=info&act=view&id=20290.

[7] 人民网. 哈尔滨市政法机关正对"宝马案"认真调查复查[EB/OL]. [2012-02-06]. http://www. people. com. cn/GB/shehui/1062/2289764. html.

[8] 南方人物周刊. 活在案件里外的人——回访邓玉娇案[EB/OL]. [2014-07-27]. http://www. nfpeople. com/story_view. php?id=5629.

[9] 东方网. 李昌奎案办案法官:再审看似公正实则伤害法治[EB/OL]. [2011-08-03]. http://news. eastday. com/c/20110803/u1a6033073. html.

[10] 腾讯网. 李昌奎案再审是更大的恶?[EB/OL]. [2011-08-03]. http://view. news. qq. com/zt2011/lichangkui2/index. htm.

[11] 腾讯网. 杀人偿命过时了吗?[EB/OL]. [2012-04-06]. http://view. news. qq. com/zt2011/srcm/index. htm.

[12] 中国共产党新闻网. 陕西省委政法委书记解析司法领域热点问题[EB/OL]. [2012-07-04]. http://cpc. people. com. cn/GB/64093/64102/15063802. html.

[13] 东方网. 沈阳刘涌案本周四将在辽宁锦州公开审理[EB/OL]. [2012-02-06]. http://news. eastday. com/epubish/gb/paper148/20

031216/class01480 0003/hwz1058995. htm.

[14] 凤凰网. 死刑到死缓距离有多远[EB/OL]. [2011-08-24]. http://news. ifeng. com/c/7faDZ2LGPhY.

[15] 中国社会科学网. 中国法学会案例法学研究会主办中国影响性诉讼论坛举行[EB/OL]. [2015-01-22]. http://gn. cssn. cn/st/st_xhzc/st_shkxjclll/201501/t20150122_1488939. shtml.

[16] 腾讯网. 药家鑫案民意洪流:讨伐人性之恶还是检讨社会之失[EB/OL]. [2011-04-22]. http://news. qq. com/a/20110422/000324_2. htm.

[17] 腾讯网. 药家鑫案死者亲友反对"激情杀人"说[EB/OL]. [2011-04-04]. http://news. qq. com/a/20110404/000042. htm.

[18] 凤凰网. 药家鑫辩护律师挨骂的背后[EB/OL]. [2011-03-25]. http://news. ifeng. com/opinion/society/detail_2011_03/25/5360522_0. shtml.

[19] 凤凰网. 云南高级人民法院副院长:不能以公众狂欢方式判一个人死刑[EB/OL]. [2012-03-05]. http://news. ifeng. com/society/1/detail_2011_07/13/7662237_0. shtml.

[20] 腾讯网. 云南省高院:李昌奎案让我们骑虎难下[EB/OL]. [2011-07-14]. http://news. qq. com/a/20110714/000172. htm.

[21] 中国理论法学研究信息网. 中国语境中的舆论与司法[EB/OL]. [2013-05-19]. http://www. legal-theory. org/? mod＝info&act＝view&id＝12803.

附　　录

2003—2019 年影响性诉讼案件统计及案情简介
（按案件最终判决年份距今由近及远排序）

2019

孙小果强奸及其相关犯罪案

　　1995 年,孙小果因犯强奸罪被判处有期徒刑 3 年。其亲属通过伪造病历等非法手段帮助孙小果获得取保候审和保外就医的资格,所判刑期大部分没有实际执行。1998 年,孙小果再次因犯强奸罪、强制侮辱妇女罪和故意伤害罪,被昆明市中级人民法院一审判处死刑,立即执行。孙小果上诉后,云南省高级人民法院二审改判死缓。此后,孙小果亲属多次通过非法手段,为孙小果获得改判、减刑,致孙小果在 2010 年被释放。"扫黑除恶"专项斗争开始后,更名为"李林宸"的孙小果因涉黑涉恶被抓。2019 年 11 月 8 日,云南省玉溪市中级人民法院以孙小果犯组织、领导黑社会性质组织罪等 7 项罪名,判处有期徒刑 25 年,剥夺政治权利 5 年,并处没收个人全部财产。孙小果不服提起上诉。2019 年 12 月 17 日,云南省高级人民法院二审驳回孙小果的上诉,维持原判。2019 年 12 月 23 日,云南省高级人民法院对孙小果 1997 年所犯强奸罪、强制侮辱妇女罪、故意伤害罪、寻衅滋事罪进行再审,决定对孙小果执行死刑,剥夺政治权利终身,并处没收个人全部财产。2020 年 2 月 10 日,孙小果被执行死刑。

本案及其相关案件引发社会广泛关注,除因孙小果前后犯下的诸多严重罪行,还有孙小果改判、减刑过程中发生的一系列"神操作"。从最后发布的调查通报来看,孙小果在监狱服刑期间,在其父母的四处张罗下,利用虚假的专利发明申请重大立功获取减刑。而这些"神操作"之所以能得逞,是因为在案件侦办、审判、入狱服刑、减刑等多个环节都存在严重的问题,公安、法院、司法等部门也有多人沦陷。再审重新判处孙小果死刑,并对涉孙小果案的渎职腐败犯罪行为予以严肃惩处,弘扬了法治精神,伸张了社会正义。

张扣扣故意杀人案

1996 年 8 月 27 日,陕西省汉中市南郑县(现为南郑区)王坪乡(现新集镇)发生一起故意伤害致人死亡案件,村民王自新三子王正军(时年 17 岁)故意伤害邻居张扣扣之母汪某某并致其死亡。同年 12 月 5 日,原南郑县人民法院鉴于王正军犯罪时未满 18 周岁、张扣扣之母在案件起因上有一定过错等原因,以故意伤害罪判处王正军有期徒刑 7 年,民事赔偿 9639.3 元(已履行)。此后,两家未发生新的冲突。2018 年除夕,出于报复,张扣扣持刀杀害王正军及其父兄后逃离现场,2 天后(2018 年 2 月 17 日)到公安机关投案。2019 年 1 月 8 日,陕西汉中市中级人民法院以故意杀人罪判处张扣扣死刑。2019 年 4 月 11 日,陕西省高级人民法院二审宣布维持原判。2019 年 7 月 17 日,张扣扣经最高人民法院裁定核准被执行死刑。

"隐忍 22 年,替母报仇"一说搅动舆论。但现代国家无不禁止私力救济或者擅自复仇,更不容许不择手段、不计后果地剥夺他人生命。根据罪责刑相适应原则,人民法院依法判处张扣扣死刑,不仅是对这一严重罪行的公正惩处,亦是对事出有因的重大凶杀案件如何兼顾天理、国法、人情的示范。同时,本案判决对于引导公民正确处理民间矛盾纠纷和个人恩怨,亦有重要意义。

飞踹医生被反击致伤案

2016 年 6 月 6 日,患者叶某去村诊所找医生王某结算以往看病的费用,两人发生争吵、厮打,叶某被他人劝离诊所 10 余分钟后,又突然返回,冲向王某抬起右脚踹王某,王某侧身躲避用手抓住叶某右脚将其掀倒,致叶某摔倒在附近的电动车上造成左腿腓骨骨折,经鉴定为轻伤二级。王某家属拨打 120 将叶某送医并支付其全部住院费用。2018 年 10 月,河南省驻马店市确山县法院以故意伤害罪判处医生王某承担刑事责任,并附带民事赔偿患者叶某 1.3 万余元。2019年 5 月,驻马店市中级人民法院撤销一审判决,认为叶某在争执厮打被他人劝离诊所后,再次从诊所院外小跑冲向王某,并实施突袭踢踹王某的行为,属不法侵害。王某为使本人人身免受正在进行的不法侵害而采取的制止不法侵害的行为,没有侵害叶某的故意,具备法律规定的正当防卫的条件,虽致他人轻伤,但防卫手段、行为没有明显超过必要限度,亦未造成重大伤害,属正当防卫,无罪且不承担民事赔偿责任。

"医患矛盾"和"正当防卫"常常容易引起舆论关注,而本案刚好同时满足了上述两点。从一审认为有罪到二审改判,向社会传递了一个明确的信号:包括医生在内的任何人,遇到正在进行的不法侵害,都可以依法行使自卫权利,以制止不法侵害。本案对于调动公民特别是医护人员敢于、善于行使正当防卫权利以及提醒司法人员在解决此类冲突时,避免陷入"唯结果论""谁受了伤害谁就有理"等误区,正确适用正当防卫条款和公平责任条款,都有很大价值。

2018

张文中再审改判无罪案

2009 年 3 月,物美控股集团有限公司原董事长张文中终审以犯诈骗罪、单位行贿罪、挪用资金罪,被判有期徒刑 12 年,并处罚金人民币 50 万元。2016 年 10 月,张文中向最高人民法院提出申诉。最高人民法院经审查后于 2017 年 12 月 27 日作出再审决定,并于 2018 年 5 月 31 日进行公开宣判,以认定事实和适用法律错误为由撤销原审判决,改判张文中无罪,原判已执行的罚金及追缴的财产依法予以返还。

在加强产权和企业家权益保护的大背景下,张文中案的再审改判在社会上引起热烈反响,不仅洗刷了张文中个人及物美集团长期背负的罪名,也增强了企业家群体的人身和财产安全感。与以往暴力型刑事案件的平反不同,这是改革开放以来第一个重大涉产权经济案件的纠错,极具里程碑意义。对于三罪改判的理由,长达 1.8 万余字的再审判决书进行了充分的分析论证。张文中案再审判决既贯彻了证据裁判原则的要求,也体现了审判机关对产权保护的重视,在法治的框架内理解和运用政策,为类似案件的审理提供了可借鉴的裁判规则。

金哲宏死缓再审改判无罪案

1995 年 9 月 29 日,吉林省永吉县双河镇新立屯一年轻女性遇害。27 岁的金哲宏(曾用名:金哲红)被锁定为嫌犯,后被起诉至法院。案件经历 5 年审理,法院最终判处其死刑,缓期 2 年执行。服刑期间,金哲宏持续申诉。2018 年 11 月 30 日,吉林省高级人民法院对该案进行再审宣判,决定撤销原审裁判,判决金哲宏无罪。

金哲宏案是按照疑罪从无规则改判无罪的。在 2013 年以前,经再审改判无罪的案件,大部分是有"铁证"证明原审被告人无罪,如真凶出现、"亡者归来"。在 2013 年以后,因事实不清、证据不足而改判无罪的案件比例显著上升。这是冤案纠错的积极趋势。金哲宏从 1995 年被收容审查,到 2018 年被宣判无罪,前后历时 24 年,是近年经再审改判无罪的重大冤案中蒙冤时间第三长的案件。从过程来看,再审纠正错案依然非常艰难。

齐某强奸、猥亵儿童案

2011 年夏天至 2012 年 10 月,齐某在担任班主任期间多次对 7 名女童(10 至 11 岁)实施强奸或猥亵。2013 年 9 月,某市中级人民法院判决齐某犯强奸罪、猥亵儿童罪,判处死刑,缓期 2 年执行。齐某未上诉,判决报某省高级法院复核,某省高级人民法院裁定撤销原判,发回重审。2014 年 11 月,某市中级人民法院经重新审理,判处齐某无期徒刑,齐某上诉。2016 年 1 月,某省高级人民法院判处齐某有期徒刑 10 年。某省检察院提请最高人民检察院抗诉。2017 年 3 月,最高检察院向最高法院提出抗诉。2018 年 6 月,最高法院召开审判委员会会议审议本案,最高检察院检察长张军列席会议并发表应当改判的意见。2018 年 7 月,最高法院采纳抗诉意见,终审判决齐某犯强奸罪、猥亵儿童罪,判处无期徒刑。

齐某案整个诉讼过程长达 6 年,历经 3 级法院、5 次审理。再审过程中,最高检察院检察长依法列席了最高法院审判委员会会议并发表应当改判的意见,这在新中国检察历史上还是第一次。齐某案是性侵儿童犯罪的典型案例。近年来,性侵儿童的案件屡屡发生,并且呈明显的上升趋势,亟须引起全社会高度重视。齐某案在事实认定、证据采信和法律适用等方面均存在一些不同认识,最高法院的改判说明,对性侵儿童犯罪案件证据的审查判断,要根据儿童的身心特点,按照有别于成年人的标准予以判断。

南京旅客穿越铁道被挤压致死案

2017 年 3 月 26 日 15 时 43 分,D3026 次列车驶入南京车站 21 站台,未持有当日当次列车车票的杨某突然由 22 站台跃下,横穿轨道线路奔向 21 站台。站台值班人员发现后向杨某大声示警,列车司机也立即采取紧急制动措施并鸣笛示警。此时杨某在列车车头前向 21 站台攀爬,但未能成功,被列车挤压致死。事后,杨某的父母提起诉讼,要求铁路部门承担 80％的赔偿责任,共计 82 万余元。南京铁路运输法院认为,车站已充分履行安全保障与警示的义务,故不承担侵权责任,死者无视铁路安全警示规定,不仅严重影响了铁路公共交通正常运行,还危及自身性命,给父母亲人造成巨大打击,教训惨痛。2018 年 7 月,法院判决驳回原告的诉讼请求。

遵守社会规则是公民的共同责任。本案的裁判,旗帜鲜明地对漠视规则、破坏秩序的行为给予否定评价,向全社会传递了尊重规则、信仰法律、崇尚法治的正能量,充分发挥了司法规范、指导、评价、引领社会价值的积极作用。不过,对于高度危险的活动,把责任更多分配给创造风险的一方能够更有效率地减少事故。责任承担的激励能够迫使铁路运营部门在站台加装自动玻璃门以及采取其他保障措施,这是更可靠的预防事故的措施,且对铁路部门来说并非过分的要求。

杭州保姆纵火案

2017 年 6 月 22 日凌晨 5 时许,浙江杭州蓝色钱江小区 2 幢 1 单元 1802 室发生火灾,系该户保姆莫焕晶纵火。119 指挥中心称,因小区正门关闭、室内消火栓压力不足等,救援进行不畅,导致户主林生斌的妻子及 3 个孩子一共 4 人死亡。2017 年 12 月 21 日,杭州市中级人民法院开庭审理莫焕晶涉嫌放火、盗窃一案,因律师退庭,审判长决定休庭。2018 年 2 月 1 日,法院继续开庭审理此案,并于 2 月 9 日作出一审判决:莫焕晶犯放火罪、盗窃罪,两罪并罚,判处死刑,并处罚金 1 万元。2018 年 2 月 24 日莫焕晶向浙江省高级人民法院提起上诉。2018 年 6 月 4 日,浙江省高级人民法院对莫焕晶放火、盗窃案作出二审裁定,驳回上诉,维持原判。

一场大火暴露了人性之幽暗,公共安全之缺漏,引发公众对物业管理、消防救援、建筑设计、家政服务等如何完善的广泛关注和探讨。纵火保姆难逃严惩,彰显司法正义。户主林生斌的理性克制和权利意识,尤为可贵。

吸烟被劝猝死案

2017 年 5 月 2 日,医生杨某在小区电梯里劝一名老人不要抽烟,双方发生争执,之后老人因情绪激动突发心脏病离世。老人家属状告杨某,并索赔 40 万余元。2017 年 9 月 4 日,郑州市金水区法院作出一审判决,认为杨某的劝阻行为与老人之死无必然的因果关系,但酌定杨某给予 1.5 万元补偿。老人家属提起上诉。2018 年 1 月 23 日,郑州市中级人民法院二审驳回上诉,并以适用法律错误为由撤销一审补偿 1.5 万元的判决。中级人民法院认为,老人患有心脏疾病,在未能控制自身情绪情况下病发身亡;杨某无侵害老人生命权的故意或过失,其劝阻行为未超出必要限度,不应承担侵权责任。一审判决让正当行使劝阻吸烟权利的公民承担补偿责任,既是对社会公共利益的损害,也与民法的立法宗旨相悖。

公共场合协商理性的形成,是城市化进入新阶段的重要课题。本案的一审判决引发极大争议:有人认为这份判决扼杀了民众维护公共利益与法律尊严的积极性,也有人认为法院判决补偿的做法能够抚平老人家属的悲恸。二审虽已改判,但情与法之争尚未止息。

2017

于欢故意伤害案

2016 年 4 月 14 日,山东源大工贸有限公司负责人苏银霞及其子于欢,因无法偿还巨额高利贷,遭 10 余人登门催债,并被限制人身自由。争执中,杜志浩(男,殁年 29 岁)曾对苏银霞采取弹烟头、露下体等侮辱行为。民警出警后,苏银霞母子欲随民警离开,但被阻拦。于欢持水果刀捅刺杜志浩腹部一刀,致其死亡,并造成在场其他两人重伤、一人轻伤。2017 年 2 月 17 日,聊城市中级人民法院一审以故意伤害罪判处于欢无期徒刑。此案经媒体报道后引发广泛关注,最高检介入调查。2017 年 6 月 23 日,山东省高级人民法院作出二审判决,认定于欢构成故意伤害罪,但属防卫过当,改判有期徒刑 5 年。

本案的二审判决堪称一堂全民法治"公开课":在不损害法律统一性、权威性的前提下,遵循了国法不违天理、合乎人情的要素,回应了舆论关切,体现了司法的力度与温度。法治社会否定私力报复,但肯定正当防卫。我国的正当防卫制度立法较为抽象,适用仍趋保守。二审判定于欢的行为具有防卫性质但防卫过当,充分兼顾了对被害人和被告人合法权益的保护,为法院依法正确适用正当防卫制度树立了新的标杆。

<h1 style="text-align:center">2015</h1>

河南大学生"掏鸟窝"获刑案

2014 年 7 月,河南在校大学生闫啸天和朋友在辉县市高庄乡"掏鸟窝"并售卖。2015 年 5 月 28 日,辉县市法院作出一审判决,其中,闫啸天因犯非法猎捕珍贵、濒危野生动物罪,非法收购珍贵、濒危野生动物罪,两罪并罚,被决定执行有期徒刑 10 年半。法院认定,两人捕猎国家二级保护动物燕隼和隼形目隼科动物共 16 只,"情节特别严重"。2015 年 8 月 21 日,新乡市中级人民法院终审维持原判。"河南大学生掏鸟窝被判 10 年半"的话题,令不少人认为量刑过重。而随着案件信息的详细披露,舆论又出现了反转,围绕立法不当还是司法不公(含司法解释量刑标准失衡)等问题产生了较大争议。

为什么掏个鸟窝而获重刑,贪腐却也未必重判?其实公众只是在表达一种对于公正的基本质疑,他们的围观道出了普遍的困惑和焦虑:仅有生活经验的不知法者,随时可能入罪获刑。在一个法定犯的时代,如何平衡"不知法者不为罪"与"不知法者不免责"的关系,是对立法者和司法者的考验。

广东陈传钧涉嫌抢劫杀人改判无罪案

2001 年 9 月 25 日清晨,东莞市一杂货店遇袭,店主一家四口一死三重伤。2010 年 4 月 23 日,犯罪嫌疑人陈传钧被缉拿归案。2011 年 12 月 19 日,东莞市中级人民法院一审以抢劫罪判处陈传钧死刑,陈传钧以没有实施犯罪为由提出上诉,广东省高级人民法院以事实不清、证据不足为由撤销原判发回重审。东莞市中级人民法院重审后,改判陈传钧死缓,陈传钧又上诉。2015 年 8 月 17 日,广东省高级人民法院作出二审判决,认定因检方指控证据不足,"本着疑罪从无的刑法原则",宣告涉嫌抢劫杀人的被告人陈传钧无罪。二审的主审法官称,在对于上诉人是否为本案真凶既无法证实亦无法证伪的两难局面下,法院应恪守证据裁判规则,本着疑罪从无的刑法原则,"宁可错放,不可错判"。

2014

呼格吉勒图案

1996 年 4 月 9 日,内蒙古自治区呼和浩特市一女子被掐死在公厕内,报案者呼格吉勒图在 1996 年 6 月 5 日被枪决。2005 年,身负多起命案的犯罪嫌疑人赵志红落网,自称他才是呼格吉勒图案的凶手。由此,呼格吉勒图的父母开始了漫漫 9 年申诉路。2014 年 11 月 20 日,呼格吉勒图案进入再审程序,12 月 15 日,内蒙古自治区高级人民法院宣布再审判决,改判呼格吉勒图无罪。

呼格吉勒图是继滕兴善后,第二个被正式确认因误判而被错误执行死刑的人。真相最终大白,是由于真凶或被害人再现。非法证据排除、禁止自证其罪等制度不彰,证明冤案的发生并非偶然。个别案件的平反,不应是纠错的终点。值得深思的是,系统内部早已意识到此案"办错了",仍一拖 9 年,令司法的公信力遭受了严重破坏。

念斌死刑再审改判无罪案

2006 年 7 月 27 日夜,福建省平潭县澳前镇澳前村多人中毒,两名儿童经抢救无效死亡。平潭警方认定是邻居念斌投药所致。该案历时 8 年 10 次开庭审判,4 次被判处死刑立即执行。2010 年 10 月,中华人民共和国最高人民法院裁定本案事实不清,证据不足,撤销原判,发回福建省高级人民法院重审。2014 年 8 月 22 日,福建高级人民法院终审宣判念斌无罪。

没有"亡者归来"和"真凶再现",念斌获无罪判决,显示了法院的勇气。福建高级人民法院最后的庭审不再流于形式,证人、鉴定人、侦查人员和专家辅助人员出庭作证,控辩双方进行了激烈而有效的质证和辩论。这正是以审判为中心的诉讼制度改革的要求。

2013

李天一案

2013 年 2 月 19 日,北京市海淀分局接到一女事主报警,该女事主称,2 月 17 日晚,其在海淀区一酒吧内与李天一等人喝酒后,被带至一宾馆内轮奸。2013 年 3 月 7 日,李天一等人因涉嫌轮奸已被依法批捕。7 月 8 日,北京市海淀区人民检察院依法对李天一等人涉嫌强奸一案向海淀区人民法院提起公诉。2013 年 8 月 28 日上午 9 时 30 分,李天一等人涉嫌强奸一案在海淀法院第 17 法庭正式开庭审理。2013 年 9 月 26 日上午,北京市海淀区法院一审宣判:被告人李天一犯强奸罪,判处有期徒刑 10 年。2013 年 11 月 27 日 9 时,李天一案在北京市第一中级人民法院一区西中法庭依法公开宣判。二审裁定驳回上诉人上诉，维持原判。由于李天一系著名歌唱家之子，该案一经媒体报道，引起社会各界的高度关注。社会各界通过网络、报纸、电视等平台发表了对于本案的观点，网友们在微博、论坛等各种平台上发表自己的观点，在这些观点中占据压倒性的是：李天一必须重判，若不重判，那就是亵渎国法、正义的失败等。

2011

药家鑫案

药家鑫，西安音乐学院大三学生。2010 年 10 月 20 日深夜，驾车撞人后又将伤者刺了 8 刀致其死亡，此后驾车逃逸至郭杜十字路口时再次撞伤行人，逃逸时被附近群众抓获。后被公安机关释放。2010 年 10 月 23 日，被告人药家鑫在其父母陪同下投案。2011 年 1 月 11 日，西安市检察院以故意杀人罪对药家鑫提起了公诉。同年 4 月 22 日，该案在西安市中级人民法院一审宣判，药家鑫犯故意杀人罪，被判处死刑，剥夺政治权利终身，并处赔偿被害人家属经济损失 45 498.5 元。5 月 20 日，陕西省高级人民法院对药家鑫案二审维持一审死刑判决。2011 年 6 月 7 日上午，药家鑫被执行死刑。

李昌奎案

2009 年 5 月，云南男子李昌奎强奸了同村少女，并杀害了她及其 3 岁的弟弟。2010 年 7 月，昭通市中级人民法院在一审判决中，认为李昌奎"有自首情节，但依法不足以对其从轻处罚"，因而以故意杀人罪和强奸罪判处李昌奎死刑。2011 年 3 月，云南省高级人民法院在二审中以"李昌奎及其辩护人所提被告人具有自首情节，认罪、悔罪态度好，积极赔偿被害人家属"为由，在判决书中改判李昌奎为死刑缓期二年执行。2011 年 8 月 24 日，云南省高级人民法院经再审后认为李昌奎"虽有自首情节,但不足以对其从轻处罚",改判李昌奎死刑,剥夺政治权利终身,并依法报请最高人民法院核准。2011年9月29日,经最高人民法院核准,李昌奎在云南省昭通市被依法执行死刑。

"天价过路费"案

2010年12月21日,平顶山市中级人民法院以诈骗罪判处被告人时建锋无期徒刑,剥夺政治权利终身,并处罚金200万元。而法院认定的时建锋的犯罪事实,是他购买的两部货车通过悬挂假军牌的方式,自2008年5月4日至2009年1月1日,在河南郑尧高速公路通行累计2360余次,骗免高速公路通行费368万多元。此案经媒体报道后,由于偷逃高速公路过路费之高,被媒体称为"天价过路费"案。2010年12月21日,河南省平顶山市中级人民法院以诈骗罪判处时建锋无期徒刑,剥夺政治权利终身,并处罚金200万元。2011年1月13日,时建锋在接受媒体采访时,突然翻供,说自己是替人"顶包"的,两辆假军牌车的真正车主是自己的弟弟时军锋。随即法院对该案启动了再审程序。2011年1月16日,河南省高级人民法院召开新闻发布会,向媒体通报了"时建锋"一案的情况。承认平顶山中级人民法院在审理时建锋诈骗一案中,存在着审查不细、把关不严、下判不慎重等问题,判决结果损害了人民法院和人民法官的形象,损害了法律的尊严和司法的公信力。2011年12月15日,该案重审。被告人犯罪事实认定和判处刑期与原判决均有重大变化。庭审结束后法官当庭宣判:被告人时建锋犯诈骗罪,判处有期徒刑2年6个月,并处罚金人民币1万元;被告人时军锋犯诈骗罪,判处有期徒刑7年,并处罚金人民币5万元;被告人时留申、王明伟犯伪证罪,各判处有期徒刑1年,缓刑1年。

2010

李启铭校园撞人案("李刚门")

2010 年 10 月 16 日 21 时 40 分许,在河北大学新区一辆黑色轿车将两名女生撞出数米远。被撞一陈姓女生于 17 日傍晚经抢救无效死亡,另一女生重伤。据目击者称:肇事司机李启铭撞人后,依然若无其事地开车至教学楼接女友,后被保安和追赶而来的众多学生拦下。据说李启铭下车轻声说了句"我爸是李刚",不想名扬天下。后经证实,李启铭父亲李刚是河北省保定市公安局北市区分局副局长。李刚父子 22 日亮相中央电视台新闻频道,向车祸受害者及其家属甩泪道歉。此案于 2011 年 1 月 26 日在河北省望都县人民法院公开审理;1 月 30 日,望都县人民法院以交通肇事罪判处李启铭有期徒刑 6 年。"李刚门"是网络时代个案诱发网民集体无意识行为的经典案例,为研究网络影响司法、政府决策提供了标本。

崔英杰、宋金宁抢劫轮奸案

崔英杰、宋金宁对安顺市的 1 名出身寒微的高中女生进行 2 次抢劫、2 次轮奸,并以沉水和乱石捶砸 2 种方式残暴地杀死被害人,随后抛弃遗体于水库之中。2005 年 6 月 16 日,安顺市中级人民法院经审理后认为,被告人崔英杰的认罪态度较好,但其犯罪情节恶劣,后果特别严重,其认罪态度尚不足以对其从轻处罚,三罪并罚,依法判处崔英杰死刑,判处宋金宁无期徒刑。判决后,崔英杰表示不服,向贵州省高级人民法院提起了上诉。2005 年 11 月 23 日,贵州省高级人民法院对此案做出终审判决。在判决中,贵州高院维持了安顺市中级人民法院对崔英杰和宋金宁的罪行认定,因"考虑到上诉人崔英杰能够坦白其罪行,认罪态度好,对其判处死刑可不立即执行",将对崔英杰的量刑改为死刑,缓期 2 年执行。对事实清楚、证据充分、如此恶劣的案件,贵州省高级人民法院的改判引发了极大的社会争议和民众愤怒,《贵州都市报》一直跟踪此事。被害人母亲齐少书8次上访。最终最高人民法院纠正了贵州省高级人民法院的改判。2010年9月,崔英杰被执行死刑。

2009
南浔协警强奸案("临时性强奸")

2009年10月29日,浙江省湖州市南浔区法院对两名派出所协警强奸醉酒女子一案进行开庭审理。审理调查后南浔法院根据犯罪事实,考虑到两名被告人属临时性的即意犯罪,事前并无预谋,且事后主动自首,并取得被害人谅解,给予酌情从轻处罚,最终判决两名被告有期徒刑3年。随后该案被媒体在网络上进行了报道,但立即引发网友对法院的"临时性"的表述和对判决结果公平公正的质疑。一时间,"临时性强奸"在网络上迅速流传,炒得沸沸扬扬。11月,浙江省湖州市中级人民法院对该案调卷审查,发现原判确有错误,量刑畸轻,依法决定对该案提起再审。12月30日,湖州市中级人民法院重新开庭审理后,作出一审判决,以强奸罪分别判处两名被告人有期徒刑11年和11年半。

杭州飙车案

2009年5月7日晚8时许,谭卓在浙江省杭州市文二西路被胡斌所驾驶的改装三菱 Lancer Evolution Ⅸ 跑车撞飞,送120后不治身亡。有目击者声称,谭卓被撞出大约5米高后再重重摔在20米以外的地方,可能当场死亡。同日,肇事者胡斌被刑事拘留,但有网友发现肇事者QQ还在进行更新,因此质疑肇事者是否被拘捕。5月8日,杭州交警召开新闻发布会,提及"当时车速在70码(实际应为'千米/小时')",由此引发舆论不满。同日晚间,杭州市民及浙江大学学生自发走上街头为谭卓举行追思会。5月10日,谭卓追悼会召开。同日,杭州警方承诺将秉公办理此案。5月11日,杭州警方承认肇事者存在违法超速行为。另据杭州媒体报道,杭州市市长称该事件骇人听闻,要严惩肇事者。5月12日,杭州市的部分人大代表和政协委员也发表声明,对此事表示关注。5月13日,杭州市政府澄清肇事者胡斌的飙车同伴翁振华并非市政府领导的儿子。该案中肇事车辆涉及的超速行驶和车辆改装问题将由一家专业的司法鉴定机构来判定。5月14日,杭州飙车案事故鉴定完成,专家称"车速肯定不是70码(实际应为'千米/小时')"。杭州市公安局当日向媒体发布交通肇事案鉴定报告,认定事故车在事发路段的行车时速在84.1千米/小时到101.2千米/小时之间,且肇事车辆的发动机进排气系统、前照灯、悬挂、轮胎与轮辋、车身内部已在原车型的基础上被改装或部分改装。但是该鉴定报告被网友质疑其可信性,且受害人父亲拒绝在鉴定报告上签字。同时,杭州公安局发言人证实胡斌还在羁押中。5月15日,杭州警方以交通肇事罪向检察院提请批捕,并认定本次事故由胡斌承担全部责任。同时杭州警方也就早前的70码说法向公众道歉。本案进入司法程序后,网络上再次掀起了关于罪名和量刑的讨论,最终受害者家属和肇事者双方达成损害赔偿协议。2009年7月20日,杭州市西湖区人民法院一审公开宣判,以交通肇事罪判处被告胡斌有期徒刑3年。这一判决结果被网友认为是对肇事者的偏袒,不符合社会公正的理念,从而引起了巨大的争议。

邓玉娇案

2009年5月10日晚8时许,湖北省巴东县野三关镇政府3名工作人员在该镇雄风宾馆梦幻城消费时,对当时在该处做服务员的邓玉娇进行骚扰、挑衅,邓玉娇用水果刀刺向两人,其中一人被刺伤喉部、胸部,经抢救无效死亡。邓玉娇当即拨打110报警。次日,警方以涉嫌"故意杀人"对邓玉娇采取强制措施。2009 年 5 月 31 日,湖北省恩施州公安局认定邓玉娇"防卫过当",移送检察院起诉。巴东县纪检委则给予涉事党员黄德智开除党籍处分,县公安局对其采取治安拘留,未予刑事拘留,更未逮捕。湖北省巴东县人民法院于 6 月 16 日上午一审开庭审理了"邓玉娇案",并作出一审判决。巴东县人民法院认为,邓玉娇在遭受邓贵大、黄德智"无理纠缠、拉扯推搡、言词侮辱"等不法侵害的情况下,实施的反击行为具有正当防卫性质,但超过了必要限度,属于防卫过当。被告人邓玉娇故意伤害致人死亡,其行为已构成故意伤害罪。案发后,邓玉娇主动向公安机关投案,如实供述罪行,构成自首。经法医鉴定,邓玉娇为心境障碍(双相障碍),属限制刑事责任能力的行为人。据此,巴东县人民法院依法判决对邓玉娇免予刑事处罚。

赛锐案

2008 年 6 月 18 日下午 7 时,昭通卫生学校护理 27 班班长、彝族姑娘吴倩被该市一个叫赛锐的男子(曾当过协警)在昭通市钻石广场一咖啡馆内连砍 27 刀后死亡。案发后,吴倩所在的昭通卫生学校以全体师生名义向公检法各部门呈交请愿书,要求严惩凶犯;吴倩全家及父老乡亲 712 人签字盖手印联名上书党政机关和司法部门,强烈要求将罪大恶极的凶手赛锐正法,此案曾震动昭通全市城乡。2009 年 5 月 19 日,昭通市中级人民法院审理后认为:赛锐故意杀人,作案手段特别残忍,情节极其恶劣,社会影响极坏、罪行极其严重,赛锐虽在抓捕过程中向警方投案,但依法不应从轻处罚。昭通市中级人民法院遂作出判决,判处赛锐死刑,立即执行。而后,赛锐上诉。2009 年 11 月 9 日,云南省高级人民法院二审改判赛锐死刑,缓期 2 年执行。

2008

杨佳袭警案

2008 年 7 月 1 日上午,杨佳冲入上海市公安局闸北分局,杀死 6 名警察,另有 3 名警察和 1 名保安员受伤。该暴力袭警事件经媒体披露后,立即震惊全国。8 月 26 日下午,杨佳袭警案在上海市第二中级人民法院一审开庭,杨佳被控故意杀人罪。9 月 1 日,上海市第二中级人民法院判决杨佳犯故意杀人罪,判处死刑,剥夺政治权利终身。10 月 20 日,上海市高级人民法院对"杨佳袭警案"作出终审裁定,驳回杨佳上诉请求,维持原判,以故意杀人罪判处其死刑,剥夺政治权利终身。

许霆案

2006 年 4 月 21 日晚 10 时,被告人许霆来到广州市天河区黄埔大道某银行的 ATM 取款机取款。结果取出 1000 元后,他惊讶地发现银行卡账户里只被扣了 1 元,狂喜之下,许霆连续取款 5.4 万元。当晚,许霆回到住处,将此事告诉了同伴郭安山。两人随即再次前往提款,之后反复操作多次。后经警方查实,许霆先后取款 171 笔,合计 17.5 万元;郭安山则取款 1.8 万元。事后,两人各携赃款潜逃。同年 11 月 7 日,郭安山向公安机关投案自首,并全额退还赃款 1.8 万元。经天河区法院审理后,法院认定其构成盗窃罪,但考虑到其自首并主动退赃,故对其判处有期徒刑 1 年,并处罚金 1000 元。而潜逃 1 年的许霆,17.5 万元赃款因投资失败而挥霍一空,2007 年 5 月在陕西宝鸡火车站被警方抓获。广州市中级人民法院审理后认为,被告许霆以非法侵占为目的,伙同同案人采用秘密手段,盗窃金融机构,数额特别巨大,行为已构成盗窃罪,遂判处无期徒刑,剥夺政治权利终身,并处没收个人全部财产。许霆随后提出上诉,2008 年 3 月,广州中级人民法院认定许霆犯盗窃罪,判处有期徒刑 5 年,并处罚金 2 万元;继续追缴许霆未退还的犯罪所得人民币 173 826 元。许霆再度上诉,2008 年 5 月,广东省高级人民法院二审驳回上诉,维持原判。

<h2 style="text-align:center">2007</h2>

<h2 style="text-align:center">黄静案</h2>

2003 年 2 月 24 日上午,黄静被发现裸死在宿舍床上,全身赤裸,身上有多处伤痕。虽然尸检报告称黄静为处女,但在现场发现了其生前男友姜俊武的精液。2003 年 6 月 2 日,姜俊武被刑事拘留。8 月 1 日他被市公安局以涉嫌强奸(中止)移送湘潭市检察院审查起诉。12 月 22 日,湘潭市雨湖区检察院采纳湖南省公安厅的鉴定,以强奸中止对姜俊武提起公诉。2004 年 3 月,保存在湘潭市二医院的黄静尸体器官标本被发现因保存不善已于年初被销毁,导致无法继续进行法医鉴定。2004 年 8 月 2 日,最高人民法院司法鉴定中心认为,黄静原有潜在病理改变,是因姜俊武采用较特殊方式进行的性活动而促发死亡。2005 年 12 月 7 日,湘潭市雨湖区人民法院审理此案。起诉书指控姜俊武强奸中止,黄静家人及其律师认为姜对黄静之死负有间接故意的责任。姜俊武的律师则认为姜虽然与死者发生了性关系,但无足够证据证明其强奸。2006 年 7 月 10 日,法院一审判决,宣判被告人姜俊武无罪,但需赔偿原告经济损失 57 399.50 元。判决书指出系黄静在潜在病理改变的基础上,因姜俊武采用较特殊方式进行的性活动促发死亡。姜俊武对黄静的死承担 50%的民事责任。2007 年 12 月 8 日,湘潭市中级人民法院作出终审裁定:驳回原审原告黄静父母,及原审被告姜俊武关于民事责任方面的上诉请求,维持原判。该案件的调查和审判过程中得到传媒,特别是网络媒体的广泛关注。

街头小贩崔英杰杀死城管队长案

2006 年 8 月 11 日下午,北京市海淀区城市管理监察大队副队长李志强和同事在中关村科贸电子商城北侧路边执法时,依法扣押了在那里违法卖烤肠的崔英杰的三轮车。当执法人员将崔英杰的三轮车抬上执法车时,崔英杰手持小刀将刀刺入李志强的颈部,随后逃走。2007 年 4 月 10 日上午,北京市第一中级人民法院宣判,该院以被告崔英杰犯故意杀人罪一审判处其死刑,缓期 2 年执行,剥夺政治权利终身。李志强成为北京市城管执法部门成立 8 年以来,首名因公殉职的执法人员,随后李志强被北京市委追认为"革命烈士"。

南京彭宇案

2006 年 11 月 20 日,64 岁的退休职工徐寿兰在南京水西门广场公交站等车时,有 2 辆 83 路公交车同时进站。徐寿兰急忙跑向后面一辆乘客较少的公交车,当她经过前一辆公交车后门时,26 岁的小伙子彭宇正从这辆车的后门第一个下车,双方在不经意间发生相撞。急于转车的彭宇先向车尾看了一下,再回头时发现摔倒在地的徐寿兰,随即将她扶起,并与后来赶到的徐寿兰家人一起将她送往医院治疗,其间还代付了 200 元医药费。经诊断,徐寿兰摔伤致左股骨颈骨折,需住院施行髋关节置换术,费用需数万元。此时,双方因赔偿问题发生纠纷,先后报警,但未能达成一致。2007 年 1 月 12 日,徐寿兰将彭宇诉至南京市鼓楼区法院,指认他将自己撞伤,并索赔包括医疗护理费、残疾赔偿金和精神损害抚慰金等共计 13.6 万元。当年 4 月 26 日,鼓楼区法院第一次开庭审理此案,彭宇的妻子在代他出庭答辩时,没有说彭宇是做好事,只提出:"原告受伤非被告所导致,不应该承担责任。"6 月 13 日第二次开庭进行法庭质证时,彭宇在答辩中表示:"我下车的时候是与人撞了,但不是与原告相撞。"当被问及把原告扶起来出于什么目的时,他回答:"为了做点好事。"在得知原告申请调取的事发当日城中派出所接处警的询问笔录已丢失时,他对由当时处置此事警官补做的笔录提出异议,并表示要向有关部门和媒体反映这一情况。7月4日,彭宇主动打电话给一位网站论坛版主,表示自己因做好事被诬告,将一个老太扶起后反被起诉,希望媒体关注此事。该版主立即用短信将这一情况通报给南京10多家媒体和网站记者。2007年9月3日,南京市鼓楼区人民法院一审判决认为,虽然原告系与被告相撞后受伤,但由于原告在乘车过程中无法预见将与被告相撞;被告在下车过程中因为视野受到限制,也无法准确判断车后门左右的情况,因而在本次事故中,原、被告双方均不具有过错,依据《中华人民共和国民法通则》按公平责任分担损失的原则,判决被告彭宇承担40%的民事责任,给付原告徐寿兰4.5万元。因双方当事人均不服一审判决提起上诉,南京市中级人民法院于当年10月初进行调查,并在南京市公安局指挥中心查找到事发当日双方分别报警时的两份接处警登记表,其中的"报警内容"一栏,均记录了两人相撞的情况,这些新证据为澄清事实提供了重要佐证。在南京中级人民法院二审即将开庭之际,彭宇与徐寿兰达成庭前和解协议,其主要内容是:彭宇一次性补偿徐寿兰1万元;双方均不得在媒体(电视、电台、报纸、刊物、网络等)上就本案披露相关信息和发表相关言论;双方撤诉后不再执行鼓楼区法院的一审民事判决。对于调解结果,彭宇也表示,在2006年11月发生的意外中,徐寿兰确实与其发生了碰撞,事后经法院调解,他对结果表示满意。

2006

陕西邱兴华连续杀人案

2006年7月14日晚,邱兴华手持武器将陕西省汉阴县铁瓦殿内的工作人员和香客等10人杀害,死者包括9男1女,年龄最大的62

岁,最小的年仅12岁。作案后邱兴华烧殿潜逃。7月26日,公安部发出A级通缉令,同时悬赏5万元。7月31日,邱兴华逃至湖北省随州市万福店农场魏岗村村民魏义凯家,抢劫1302元并伤人,魏义凯后因抢救无效死亡。8月19日,邱兴华返回其在汉中租住的房子,敲门时被4名民警当场制服,抓获归案。10月19日,陕西省安康市中级人民法院审理后当庭作出一审判决:以故意杀人罪和抢劫罪判处邱兴华死刑,剥夺政治权利终身,并处没收个人财产5000元。一审宣判后,邱兴华不服当庭表示要上诉。10月31日,邱兴华递交了上诉状。12月8日,陕西省高级人民法院刑事审判庭在安康铁路运输法院二审开庭,对邱兴华故意杀人一案进行了公开审理。审理期间,法庭对辩护人提供的邱兴华患有精神病的证明材料未予采纳,合议庭择日进行宣判。12月28日,陕西省高级人民法院刑事审判庭在安康市中级人民法院开庭,当庭宣布维持一审死刑判决。

2005

王斌余案

　　王斌余是西北地区某工地的农民工,因为急等钱给父亲治病而向雇主索要拖欠的5000元工钱。起初,他依法办事,希望能在当地法院得到帮助,而当地法官告诉他需要等3到6个月才能得到判决结果,但是王斌余父亲的病已经等了很长的时间。然后他就到劳动局讨公道,工钱没要着,只弄到一纸空文的所谓调解协议。就在协议刚到手,王斌余以为可以讨回公道时,雇主却解雇了他。他没有住处,流落街头。这个囊空如洗,失去了吃住等生存最基本条件的农民工,于2005年5月11日晚上10点多来到雇主吴新国家门口,苦苦哀求,希望雇主能还给他血汗钱。可是,吴新国非但不给王斌余工钱,还打电话唤来自己的四五个下属对其恶语相加而且施以拳脚。这个饱受欺凌的农民工王斌余终于在雇主及其下属的辱骂和群殴下失去理智,拔出刀子刺死 4 人,刺伤 1 人。杀人后,王斌余自知罪责深重,前往公安机关投案自首。案件经过不到 50 天的时间就得到了判决,王斌余被判处死刑。9 月 29 日,王斌余案于宁夏回族自治区高级人民法院二审开庭审理,二审同样维持原判。王斌余于 2005 年 10 月 19 日被执行死刑。

湖北佘祥林杀妻案

1994 年 1 月 20 日,佘祥林的妻子张在玉失踪后,其亲属怀疑张在玉被丈夫佘祥林杀害。同年 4 月 11 日,雁门口镇吕冲村一水塘发现一具女尸,经张在玉亲属辨认,死者与张在玉特征相符,公安机关立案侦查。1994 年 4 月 12 日,佘祥林因涉嫌犯故意杀人罪被京山县公安局监视居住,同年 4 月 22 日被刑事拘留,4 月 28 日经京山县检察院批准逮捕。1994 年 10 月 13 日,原荆州地区中级人民法院一审判处佘祥林死刑,佘祥林提出上诉。湖北省高级人民法院 1995 年 1 月 6 日作出裁定,以"事实不清,证据不足"为由发回重审。1995 年 5 月 15 日,原荆州地区检察分院将此案退回补充侦查。1996 年 2 月 7 日,京山县检察院补充侦查后再次退查。1997 年因行政区划变更,京山县检察院于 1997 年 11 月 23 日将此案呈送荆门市检察院起诉。同年 12 月 15 日,荆门市检察院审查后认为佘祥林的行为不足以对其判处无期徒刑以上刑罚,将该案移交京山县检察院起诉。1998 年 3 月 31 日,京山县检察院将此案起诉至京山县法院。1998 年 6 月 15 日,京山县法院以故意杀人罪判处佘祥林有期徒刑 15 年,附加剥夺政治权利 5 年。佘不服提出上诉,同年 9 月 22 日,荆门市中级人民法院裁定驳回上诉,维持原判。之后,佘祥林被投入沙洋监狱服刑。2005 年 3 月 28 日,佘妻张在玉突然从山东回到京山。4 月 13 日,京山县人民法院重新开庭审理,宣判佘祥林无罪。2005 年 9 月 2 日,佘祥林领取 70 余万元国家赔偿。

2004

黑龙江"宝马撞人"案

　　2003 年 10 月 16 日,代义权、刘忠霞夫妇驾驶农用四轮车与苏秀文的宝马吉普车发生剐蹭。苏下车辱骂并殴打代,后被劝开。苏遂上车,突然宝马车向前冲出,将站在前方的刘忠霞当场撞死,12 名围观群众被撞伤。12 月 20 日,此案公开开庭审理,法庭以苏犯交通肇事罪一审判处其有期徒刑 2 年,缓刑 3 年。这一判决结果引起舆论哗然。互联网上开始传说,苏是"黑龙江省某领导亲属",另外苏的丈夫是大老板,"用钱买通了关系",证人被"封口"等等。人们对宝马肇事案提出种种疑问,大批网民发帖子说苏是故意肇事,认为法庭量刑太轻、判决不公正,要求重新审理。在新浪网组织的"您认为法律对此事的裁决是否公正"的调查中,超过 91% 的网民认为裁决不公正,只有 3% 的网民认为公正(2004 年 1 月 9 日数据)。紧接着,国内一些有影响力的报纸也纷纷刊发评论,对这一案件进行剖析并质疑。12 月 31 日,哈尔滨市警方公布:苏不是黑龙江省或哈尔滨市曾任和现任领导的亲属。这是案发至一审判决后,官方首次出面回应民间舆论,也是舆论的作用第一次在此案中显现。2004 年 1 月 5 日,黑龙江省几位高层领导相继声明与苏秀文无任何关系,并表示要秉公处理此案。此案已引起黑龙江省高层领导的关注。1 月 10 日,哈尔滨市政府新闻办公室发表讲话:政法机关正对"宝马撞人案"严肃认真地开展调查、复查,将尽快给人民群众、新闻媒体一个负责任的答复。这是政府方面首次对"宝马撞人"案公开表态。这位负责人说,在黑龙江省委书记主持下,省委常委会议已经对此案进行了研究,确定由政法机关依法进行调查、复查。3 月 27 日,该案调查、复查工作结束,结果称没有证据证明苏秀文涉嫌故意杀人。法院对苏秀文量刑及适用缓刑符合法律规定。对公众反映的其他问题，经查，不存在苏家收买、恐吓证人不让其出庭做证，对撞伤者伤情鉴定结论不准确，以及苏秀文和其丈夫系省市领导的亲属，并由省市领导干预该案等影响案件的定性和量刑工作的问题。

2003

刘涌案

2002 年 4 月，刘涌被辽宁省铁岭市中级人民法院以故意伤害罪，组织、领导黑社会性质组织罪等多项罪名一审判处死刑。民众拍手称快。但 2003 年 8 月，刘涌被辽宁省高级人民法院改判死刑，缓期 2 年执行，引起了舆论的一片哗然。民众群情激昂，强烈要求改判刘涌死刑，立即执行，引起最高人民法院的高度重视。于是，在刘涌被改判死缓的 2 个月之后，最高人民法院于 2003 年 12 月 22 日在辽宁省锦州市中级人民法院对刘涌组织、领导黑社会性质组织一案经再审后作出死刑判决。宣判后，辽宁省铁岭市中级人民法院遵照最高人民法院下达的执行死刑命令，于 2003 年 12 月 22 日对刘涌执行了死刑。

后　记

　　这本书是在本人几年前的博士论文基础上修改完成的。对于影响性诉讼案件的关注,最初是源于一种理论上的焦虑,是个人出于对法律确定性承诺或者说是法治理想幻灭后的迷茫。但是当我回顾这个问题时,才发现,在更深层次上,我对这一问题的追问,实际是源于一种存在本身的焦虑,经历的是一场世界观上的危机和反思。

　　作为 80 后一代,我们所受的教育大多是非黑即白的,在这样的世界观指导下,看到的世界往往过于简化和美化。举例来说,以往我们被灌输的母亲形象是带着无私、伟大光环的,但是当真正成为母亲后,我才意识到母亲的角色远比这些定义复杂。对于母亲而言,有时,孩子好像一面镜子,能映照出另一个缺点被无限放大的自己,从而使得母亲心怀恐惧和不安;有时,孩子好像一个入侵者,母亲原有的时间、空间、主体意识等都面临被挤占的危险,从而让母亲产生危机感和敌意;有时,孩子好像一个忠诚的伙伴,在各种考验和打击面前不离不弃,从而给予母亲莫大的鼓励和温暖。母亲和孩子并不仅仅是单纯的给予者和被给予者的关系,同时也可能是质疑者、竞争者、合作者。母亲也并不总是散发着先天的母性光辉,在很多情况下,也会自私、胆小、无助。而过度美化母亲形象,会增加母亲的孤独感、挫败感和愧疚感,这对于良好亲子关系的构建并无助益。与之类似,对中国法治图景过于简单化、理想化的前提预设也限制了中国法治实践的发展。但这种情况正在发生改变。在近 20 年的时间里,围绕影响性诉讼案件的争论有许多仍在继续,如司法的功能定位、司法和民意的关系、舆论(特别是网络舆论)和司法的互动边界等,但值得注意的是,在这些争论背后,人们对于中国法治图景的认识也在一点点深化,对于司法的想象也越来越丰富和立体化。中国司法嵌入性和规律性的双重特征、司法规律与基本国情之间的张力越来越受到正视,并作为谈论中国司法的一个基本语境。

美国哲学家玛莎·纳斯鲍姆(Martha Nussbaum)在《善的脆弱性》中提到:"勇于承认世界的不完美,是实现善的生活的第一步。"我相信,正视世界的不完美,无论是呈现亲子关系的真实样貌、呈现司法的真实样貌,还是呈现生活的真实样貌,都是在迈向善的生活的一种努力。

孟欣然

2020 年 6 月于杭州